U0466253

男女之间相互吸引的秘密

The Secret of Mutual Attraction between Men and Women

Decoding Love

恋爱是这么回事

安德鲁·特里斯 著　麻争旗 等译

图书在版编目（CIP）数据

恋爱是这么回事/(美）特里斯著；麻争旗等译.
—北京：华夏出版社，2011.1
书名原文：Decoding Love
ISBN 978-7-5080-5985-3

Ⅰ.①恋… Ⅱ.①特… ②麻… Ⅲ.①恋爱—通俗读物
Ⅳ.①C913.1-49

中国版本图书馆 CIP 数据核字（2010）第 202890 号

This edition published by arragement with Avery, a member of Penguin Group (USA) Inc.
北京市版权局著作权合同登记号：图字 01-2009-3785 号

恋爱是这么回事　Decoding Love

(美）特里斯　著　Andrew Trees
麻争旗等译

策划编辑：朱　悦
责任编辑：李玉璞

出版发行：华夏出版社（北京市东城区东直门外香河园北里 4 号　邮编：100028）
经销：新华书店
印刷：北京市人民文学印刷厂
装订：三河市万龙印装有限公司
版次：2011 年 1 月北京第 1 版
印次：2011 年 1 月北京第 1 次印刷
开本：880×1230　1/32 开
字数：156 千字
印张：7.5
定价：29.80 元

本版图书凡印刷、装订错误，可及时向我社发行部调换

目录

序言

Preface

浪漫与偏见

恋爱关系就那么点事儿。你遇到一个人，并喜欢上对方；假如一切顺利，那么，对方也会喜欢上你。接下来就像童话故事里常说的，“从此幸福地生活在一起”，但是现实并没有这么简单。本书的目的就是想回答这个问题——用理性的方法来探究与理性毫无瓜葛的事——对爱情的追求。想象一下，如果把简·奥斯丁笔下的浪漫故事交给查尔斯·达尔文和亚当·斯密这样的人来改写，会是怎样的风格？这大概正是本书的特点：帮你寻找爱的窍门。本书写作的前提其实很简单：传统的恋爱观本身存在严重缺陷，人们寻找爱情的方法往往盲目无效，而科学的恋爱观则可以带给我们新的视角和启发，帮助我们揭开爱的秘密。大家都认为自己懂得怎样恋爱，却不知其中有许多认识是错误的——我们所要讨论的关键就在这里。

近些年来，有许多科学研究取得了惊人的发现。比如说，你可能不知道，在酒吧里，往往是女人主动上前搭讪；在男人眼里，处于排卵期的女性更性感；女人并不在乎男人睾丸的大小；你可以随口说说喜欢某人，却往往不是出于真心；挑逗能吸引对方的注意力，而吓唬也能取得同样的效果；你要吻一打“青蛙”，才能吻到你的“王子”；带浓香的女人会给人体重比实际轻5～6公斤的错觉；有些男人生性风流，其实是基因使然；女人的性高潮与男人身材是否匀称有直接关系，却与爱情几乎无关……对于此类问题，我以前跟许多人一样，几乎一无所知。

人们谈恋爱时对什么科学方法一般不怎么“感冒”，这其中在很大程度上是因为受传统爱情故事影响的缘故。几百年来的传说、小说、戏剧、诗歌、电影和电视都以固定模式重复着这样的爱情故事。这些故事向我们的大脑灌输着前人的集体智慧，教给我们恋爱的意义和找到爱情的途径——我把它叫做“浪漫情结”。只要你留心就会发现，这种浪漫情结几乎无处不在。施行精神控制，在作家乔治·奥威尔笔下已经十分可怕，但也不如这种“浪漫情结”对我们思想的束缚来得严重。当然，单单就“浪漫情结”来讲，没什么大不了的——此类错误观念在我们的生活中比比皆是，但问题的关键是，正是这种情结业已成为不少单身或已婚男女的不幸之源。美国的离婚率已经在50%左右盘旋了，你不用成为尖端的科学家也能马上意识到：问题确实很严重了。

运用科学手段来寻找爱情，这听起来的确有点荒唐，不过，依我们已有的观念，如果让来自火星上的某个人类学家来看，也同样是荒诞的。在火星人的眼里，地球上的大多数人都把寻找爱的伴侣当做生命中的重中之重，不惜耗费大量的时间和金钱。可惜的是，折腾来折腾去，多半却要与曾经疯狂追求的对象分道扬镳，然后呢？从头再来。除了说“地球人都是爱痴”之外，火星人还能说出更好听的吗？

如果说外星人的观点太不靠谱儿，那么，我们可以先对自由恋爱和包办婚姻做一个快速比较。包办婚姻与所谓的“浪漫情结”是两码事。然而，崇尚自由恋爱的美国，离婚率高得惊人，而在实行包办婚姻的地方，离婚率却几乎为零。假如比得再深入一些，反差会更大。在美国文化里，孩子从十几岁开始就不让家长为自己挑选衣服了，至于找伴侣，那就更没有家长什么事儿了。人们把大量的时间和精力花在寻找爱情上，结果得到了什么回报？除了心痛、沮丧、失败的婚姻之外，几乎一无所有。

当然，这不是苹果与苹果、苹果与橘子或者苹果与芒果的比较，因为，影响离婚率的因素非常多，而且，与许多国家相比，美国人对离婚的态度更宽容一些。但这一点也恰恰印证了我们对于浪漫爱情的浪漫追求。坦然接受离婚，这本身就表明，在我们的文化中，“浪漫情结”的观念根深蒂固，我们对浪漫爱情、对“唯一伴侣”的存在深信不疑。当婚姻质量不如人愿时，我们会认为是自己做了错误的选择，怀疑现在的配偶并不是真正的“唯一”。而唯一的解决方法呢？离婚，然后继续找。“浪漫情结”让我们对爱情怀着无尽的期待，在它的引导之下，我们一场又一场地谈下去，但每每都以失望告终。但遗憾的是，我们很少自我反省，而是一次次地失望又一次次地继续上路，兜兜转转、糊糊涂涂。

不过，有一点也许会令人感到宽慰：出现这样的问题在很大程度上并不是我们的错（至少与个人因素无关），而是“浪漫情结”在作怪。很多人将这种情结奉为神灵，视之为检验所有男女关系的唯一标准，可它却并不总是那么灵验。有一项研究，通过对比近半个世纪以来的相关调查来分析影响美国人婚恋的各种因素的历史变化，结果发现，1939 年，“爱情”在美国人心目中的排名比现在要靠后得多：男性把它排在第四位，女性则把它排在第五位（在男人心目排第一位的是“品质牢靠”，而女人心目中排名第一的则是“情感成熟”——毫无疑问，当代女性仍然渴求这样的品质）。但此后，爱情的排名开始稳步提升，1977 年成为女人心目中的第一，1984 年成为男人心目中的第一，从此，这个头牌再也没有动摇过。但与此同时，离婚率也稳步攀升。我并不是说二者之间有什么因果联系，但这种变化起码告诉我们：一方面，爱情的地位在日益攀升；另一方面，它也变得越来越难以寻觅、难以守护。

现在到了抛弃“浪漫情结”代之以冷静、客观的爱情观的时候了——对待爱情，少一点儿浪漫，多一点儿科学。在我们为爱所困、举步维艰之时，科学领域却业已取得较大突破。举例来说，现在可以通过多种科学方法来预测一对夫妻会不会离婚，其准确率高达 90% 以上。换言之，如果你正与心目中的“唯一伴侣”共进烛光晚餐，彼此深情地相望，这时，假如让你对未来婚姻做出预测，你不会相信，你的判断可能远不如实验室里某个穿白大褂的科学家说得准，而这位科学家需要的，不过是一盘你和你的爱侣在一起的录像带，或是一份多项选择题的问卷。

《恋爱是这么回事》要为科学重新赢得一席之地。人们对待爱情，往往像对待香肠一样——不想走得太近，不想知道里面到底装了什么。本书的做法却是要走近了看，当然，看到的结果可能会令人失望。事实上，我们的一些发现可能让人不悦——如果你坚信人性纯洁，则更是如此。但是，本书作者不想重拾人性虚伪之论，而是以揭示人的本真为己任，如实地剖析我们是谁、我们为什么这样做。

此外，凡是希望从本书中获得新知的读者，还必须越过心中的一道坎儿——把你原有的看法放到一边，给书中的结论留一个接口。当然，这并非易事。老实说，在第一次读到涉及本书思想的一些相关材料时，我本人的第一反应也是怀疑，而我的妻子则不断提醒我说，要放弃既有成见是一件很困难的事。后来，每发现一项有意思的研究，我就跟她一起讨论。然后，她会参照自身经历，对研究的结果做出判断。凡是遇到结论跟她的经历不符的时候，我们就认为该研究暂时不能成立。虽然说这其中涉及各种变量，但有一点是肯定的：对于缺乏个人经验的信息——尤其是与我们的经验完全相悖的信息，我们都会有很强的抵触心理，并认定这样的结论肯定站不住脚！本书援引的研究，都以人们的一般经验为基础，但其中不乏新奇之见。作为个体，我们在很多方面与一般经验存在着这样或那样的差异，所以说，本书的观点并不是对所有的人都适用，但其中有些认识却是适用于每位读者的。

本着实事求是的态度，本人在此向诸位申明：《恋爱是这么回事》不是寻找爱情的"魔弹"。我倒是希望它有这个本事。要是那么简单就好了，那我还不如直接告诉你：放下这本书，悠闲地走进超市，在第五个通道处去等待一位挑选扁豆的神秘的陌生人。我可以保证的是，由于这本书所依据的是来自多个领域的最新学术研究成果，所以，希望在你阅读之后会立竿见影，使你对男女之间那熟悉而又微妙的关系产生新的理解。你可能不会相信，书中的某些内容竟然是科学研究的成果——我自己也常有疑惑——但事实的确如此，这些成果绝非我的凭空想象。认识这一点至关重要，因为，你会发现，很多时候一些所谓的"情感专家"不过是在信口开河而已。

事实上，如果我真的想给这本书做广告，那么，我会说：这本书从一开始就没打算为哪位读者指点迷津。但也别担心，书中还是给出了一些建议的。不过，我更感兴趣的是——希望你也如此——揭示男女之间相互吸引的那些难以捉摸的东西，并以此为窗口来洞悉人之所以为人的本质（人性）。最后，我希望这本书不光能对你的感情生活有所镜鉴，而且也能对你生活的其他方面有所启迪。

我不想做一个言必真理的专家。我的研究只是深化了我的认识：男女关系其实远比以前想象的复杂，而我们对于爱情的认知则要比想象的少得多。我的脑海中一再浮现这样的念头：人类在诸多方面已经是非常成熟了，而在情感方面却十分幼稚。本书的目的是，即便不能带你走出这一懵懂状态，至少可以帮你揭开爱的面纱，伴你一起走进心灵深处，去探视那神秘的力量。希望你在读完本书之后，不再用过去的眼光看待男女情事。

第一章

你从未觉察的恋爱心理盲点

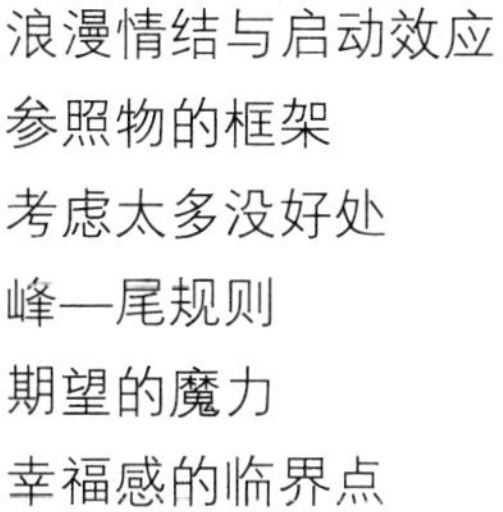

浪漫情结与启动效应

参照物的框架

考虑太多没好处

峰—尾规则

期望的魔力

幸福感的临界点

向你介绍个陌生人，相信你会喜欢。这个人就是你自己。没错！我知道，你跟此人是老相识了。或许你对自己早就厌倦了，于是，按照美国人的光荣传统，你决心一改过去的老套，代之以全新的面貌。不过，在此之前，请你三思，你可能还根本不了解你自己。

说到“你不了解自己”，我得说得再准确点儿，我并不是指你不知道自己喜欢什么、讨厌什么，而是说你以为自己知道自己在干什么，而实际上你根本不知道这么做是为了什么。一项又一项研究显示，客观世界在不断变化，而我们的主观意识只能疲惫追逐。它就像一个出现在事故现场的好事之徒，四处乱窜，逢人便说事发的前因后果。它拼命地想把事情解释通，但所谓的解释不过是马后炮，而且经常错得离谱儿。由此你可以想象，类似这样的主观意识会对你的生活尤其对情感生活产生多么大的影响。

浪漫情结与启动效应

说到性欲，相信大家都有体会。我想本书的每位读者都能说清楚性欲产生的先后顺序。比方说，一个男人看到屋子那边的一位性感女人，他的性欲会被唤起，然后走上前去与她搭讪。类似情形不乏其例，但是不管哪种情形，我们都认为先有性欲后有性唤起。但我们可能正好错了。最新的证据告诉我们，性唤起在先，性欲在后。上面所说的“性欲”只不过是个精神上的标签，在它出现之前，肉体上的唤起其实早已发生。说服力还不够强，是吧？有一项研究证明，在被试者面前不断闪现与性有关的画面，画面闪得特别快，根本看不清楚具体内容，结果显示，被试者的身体出现了反应——尽管没有主观意识。简而言之，我们往往想当然地认为自己的行为由自己决定，可事实却并非如此。

有一种实验方法可以操纵人的反应（就像启动一台水泵一样），心理学家把它叫做“启动效应”，也就是运用某种刺激来影响人的反应。“启动效应”能够在各种各样的情景之下对个体产生影响。想鼓动投机商继续下注吗？那就让他眼前只出现黑皮包；想让人们更团结吗？那就在屋里放一个双肩包；想让人们更整洁吗？那就往房间里洒点清洁剂；想唤起种族偏见吗？那就把灯光调暗，让白人更容易觉察黑人脸上所流露的敌意。毫不奇怪，性唤起的激发作用不只发生在卧室里。有一项研究显示，男性手持胸罩时，会立刻变得更看重眼前的回报而不是美满的结局，不管这回报是性、金钱还是糖果。

然而，这一切与你的情感生活又有何相干呢？上述结论起码可以说明男女之间的相互吸引非常容易被“激发”。在最近的一项研究中，被试学生每人获得一杯咖啡，或凉或热。那么你认为学生对递咖啡者的看法，会因这杯咖啡的冷热程度而有所不同吗？如果你能猜到“学生们会根据咖啡的冷热程度来判断递咖啡的人是热情还是冷淡”，那你已经意识到“启动效应”的影响所在了。科学研究已经证明，雅致的环境，如考究的餐厅，可以提升你的魅力指数。

我以前也觉得这种看法有点儿离奇，后来我专访了一位对“启动效应”有切身体会的女性。从那时起，我的观念便开始发生了转变。这位女士回忆说，有一次，她选了一家别致的餐厅跟一位男士约会，结果双方都感到非常愉快。在接下来的一周里，她天天都在期盼下一次约会的到来。可是没想到，第二次见面却令她很失望。她没有放弃，认为可能是由于自己当时的状态不佳所致。于是，她又与对方约会了一次，结果还是失望。接下来的几次无一例外，都是不欢而散。最后，她终于决定和对方彻底了断。有趣的是，她以前没意识到，当初是那家别致的餐馆本身“激发”了她对男方的好感。现在细细想来，似乎如梦初醒，感觉到真的“有什么魔力”在捣鬼。当我谈到“环境如何影响人的判断”时，她突然打断我，说她已经明白，当时的好感并非源于那位男士，而是源于那家餐厅。说真的，那家餐厅实在太棒了，结果，他们的约会显得那么浪漫、那么温馨，那位男士显得那般风度翩翩……如果换一个比较差的环境，他顶多算是及格而已。这就是说，之所以出现感觉偏差，并不是由于魅力本身变化无常，而是由于“启动效应”从中作梗。

借助恰当的“启动效应”可以营造浪漫氛围。如果你真想体验一下这一效应，那么，你先试试，想办法给约会增加点儿刺激，或者玩点儿小花招儿，我把这种小把戏叫做“爱的休克疗法”。你可能注意到了，我们不能完全区分“性唤起”和“其他情感唤起（像恐惧）”这两个概念。比如，“吓唬”就是一个“激发”爱慕之情办法——把对方吓得魂飞魄散。在一项研究中，男学生们被带入一间摆满电气设备的房间。实验前，男生们得知实验研究的课题是电击对学习能力的影响。但实验的真正目的是研究恐惧心理对情感唤起的影响。电击的强度分为两档，一档让人极为痛苦，另一档比较温和。实验中，有一位性感女士看上去也在“受电击之列”，其实她扮演的是另一角色，并不受电击。电击的强度是事先由随机抛硬币来决定的。强度决定之后，操作人员告诉被试男生，实验前需要了解他们当时的情绪，因为这些情绪会影响实验效果。男生们被带去填写问卷，问卷中有的问题涉及“你想亲吻实验当中那位女士的意愿有多强烈”、“你想和那位女士约会的意愿有多强烈”等内容。即将开始的电击就像爱神丘比特之箭一样神奇，因为实验的结果显示，接受重度电击的男生受性感女士吸引的程度普遍更高，而且更愿意亲吻她，也更愿意跟她约会。实际上，假如你想象自己亲历重度电击的痛苦，你也有可能产生类似的念头。在另一项关于吸引力的实验里，一组男生假装被一名女审讯官刑讯逼供，女警官往男生的眼里滴入化学用酸（其实是白开水）。被试的男生完全进入了角色，显得极度恐惧并不停地尖叫、颤抖。试验完成后，他们都表示真的有恐惧感。实验的结果呢？这组男生受女审讯官吸引的程度，比另一组被试男生要高，而另一组男生只是接受女警官比较温和的询问。这项实验是人的性角色极度转换的一个典型案例。说不定美国中央情报局可以拿这项实验为采取新的刑讯手段找到借口，因为此等伎俩无非是恋爱技巧而已。

其实你大可不必为增加浪漫而煞费周章，适当营造一点儿恐惧气氛就够了。有一项著名的实验。实验中，一名性感的年轻女子站在温哥华卡皮来诺峡谷悬索桥的一端，等待与穿过悬桥的勇士相会。这座桥只有1米多宽，137米长，由木板和缆绳建造的桥身在风中不断摇曳，要是摔下去，就会跌落70多米坠入乱石浅滩之中，此等险境的确让人不寒而栗。男士穿过大桥后，这位女士会告诉他，现在进行的是实验，研究的课题是产生异性吸引力的场合问题。她还会问男士一些别的问题，然后留下自己的姓名和电话号码，并且表示，如果有什么感想，欢迎给她打电话。作为对照组，类似的实验在附近一座比较安全的桥上进行。那么，穿过危险索桥而产生性唤起者，与对照组相比，给女士打电话的几率会大多少呢？大得惊人：前者是后者的8倍多！性唤起一旦发生，无论是出于恐惧、愤怒还是性欲，都会改变我们对他人的看法。难怪我们会突然觉得平常某个毫不起眼的人竟然魅力难挡。

如果你真想活学活用，想玩个小招数来制造点儿浪漫气氛，那我可得给你敲敲警钟。上文提到的那些效果都是在严格控制的条件下产生的，参与者没有意识到他们的兴奋点正被“启动”。实际上，有意识地去操纵对方难度会更大，而且存在很大的风险——如果对方察觉到你的企图，那么，不仅整个计划泡了汤还会适得其反，等于搬起石头砸自己的脚。再说，如果对方不喜欢你，你又想让对方产生好感，显然，光靠吓唬是无济于事的。“启动效应”只会强化已有的感受，因此，对于根本不来电的人，“启动效应”只能增加反感。

以上实验好像都不太现实，不过我进行的访谈却有不少是说明如何点燃浪漫激情的具体案例。我们暂且把它们叫做“兴奋启动器”。像园艺活动这样司空见惯的事皆在此列。有位女士从英格兰来美国出席一个会议。用早餐时，她坐在一位男士旁边，两人谁都没说话。后来她回忆说，当时她只是没喝自己点的咖啡，可是那位男子却觉得她讨厌自己，因为她一直对他阴着脸。当天晚些时候，他们又在一间酒吧相遇，这次还有其他人在场。其实，这位男士是很有魅力的，可她始终芳心未动。后来，他们开始谈起园艺。这时，她突然觉得“眼前一亮”。为什么园艺会一扫不悦呢？因为园艺唤起了她童年跟姐姐一起玩耍的美好记忆。这对男女来自不同的国家而且见面后第二天就分开了。没想到，十个月之后，两人结婚了！

还有一些访谈讲到了类似的经历，不过，“启动方式”五花八门：喝酒、高中同校、用同一个牌子的香水等等（那位男性受访者后来突然意识到，那种香水自己老妈也在用。可这会不会让人联想到俄狄浦斯恋母情结?）。一般说来，我们每个人都有一些“启动开关”，只不过自己没有注意到而已。我们也曾受到过“浪漫情结”的影响，期待真爱以某种特定的方式降临，尽管这样的方式极有可能是错误的、误导性的——比如，以为恋人间必须一见钟情，必须爱得神魂颠倒，哪怕日后闹离婚、上法庭（参见有关婚姻的章节）。

参照物的框架

不光是“启动效应”能使人产生错觉。框架的设定也能发挥很大作用。先举个购物的小例子。假定有一组购物者，在购物之前，你问他们当中一部分人钱包里都有些什么（不是指现金的数额，而是指除了现金之外还有没有别的，比如信用卡或者消费券之类的)，你再问第二组人有关消费券持有的状况。这两个问题都与我们日常逛街消费没什么直接关联。我们在列出采购清单之前，一般不会考虑手上有多少消费券（要是真考虑就好了)，也不会在意钱包里是否揣着一张图书馆阅览证。但是研究者发现，有意地迫使顾客注意钱包或者留意持有消费券的状况，也就是通过不同的背景来“框定”此次日常购买行为，其结果确实会对顾客的消费额度产生不同的影响。关注钱包的顾客人均花费 6. 88 美元，而关注手持消费券的顾客人均花费 9. 09 美元，后者比前者高出 32 个百分点。“框定范围”与“启动效应”有异曲同工之处，不过，“启动效应”利用的是特定的暗示来影响人的行为，而“框定范围”则是利用更换背景来达到这一目的。

与“启动效应”一样，两性关系中的框架能够对人们彼此之间的看法产生显著的影响。事实上，通过对“常规”的框定，也可以在无形中破坏一段关系。关于这一思想，诺伯特・施瓦茨针对男大学生进行了一项实验。实验中作为被试的男生都有固定的女朋友，诺伯特向这些男生提出一系列有关性生活的问题，其中有一个问题是："你自慰的频率是多少?"但施瓦茨要了一个小伎俩。他向两组男生提问，分别使用不同的数量范围。一组的范围是从"一天至少一次"到"一周不足一次"（高频率度量衡）。另外一组的范围是从"一周至少一次"到"从没有过"（低频率度量衡，用诺伯特的话说，这一组属于"领地征服者"）。毫无疑问，在范围上动手脚影响了男生们报告的自慰频率——高频率组人均每月 9 次，而低频率组人均每月 7 次——当然，根据较大范围性行为统计调查数据，两组男生自慰的频率虽然存在差异，但都在常规范围之内。

这项实验真正有趣的地方在于，这种框架是如何影响男性对两性关系的看法的。虽然从绝对值看两组自慰频率较为相近，但由于可选范围不同，因此实验对象给出的数值差别很大。对于高频组来讲，一周一到两次属于中间值，看上去完全正常；对于低频组来说，一周一到两次则属于上限，会使人产生自慰过度的印象。通过"框定"埋下一颗小小的忧虑种子，让学生们产生自慰过于频繁之感，这样不仅会影响他们对自己性生活的看法，而且还会影响他们的恋爱关系。实验发现，在接下来的问卷中，低频组男生深受困扰并对自己的恋爱关系表现出更多的不满。随后，诺伯特又针对男生与其性伙伴的性生活频率进行了问卷调查，并采取了同样的范围控制法，结果得到了类似的结论。

生活中的各种事物都能框定我们的经历。比如说，我们体验生活的方式就与过去的经历有着很大的关系。同一件事，过去的体验是糟糕透顶，现在的感受却可能精彩至极；过去感觉很得意，现在却感到很失望。有过浪漫邂逅，就会憧憬好事还有第二次。假如你以前的恋人十分出众，你对现在这位的评价肯定不会太高。假如你的旧友面目可憎，你对下一位伴侣就会褒奖有加，哪怕这一位其实只是没上一位那么丑而已。一位女士的经历恰好印证了这一观点。这位女士表示，由于在大学里有过田园诗般的爱情，结果后来的感情生活简直是一团糟，因为她发现没有哪个男人能赶得上她大学男友的那股浪漫劲儿。

选择好周围的参照物，就有可能让约会进行得顺风顺水。《消费者调查》（*the Journal of Consumer Research*）最近发表的一篇文章宣扬的就是这种观点。文章引述了一项研究，被试学生们观看电影《罗森·格兰兹与吉尔·登斯顿之死》（*Rosencrantz and Guildenstern Are Dead*）的片段之后给电影评分。之后，每个人可以在四张 DVD 中选一张带走，其中的一张就是《罗森·格兰兹与吉尔·登斯顿之死》。从实验结果看，两组被试的选择差异很大。一组学生可选的其他三张都是垃圾电影，如《苏格兰灯塔》（*Lighthouses of Scotland*），于是，《罗》片成为他们的不二之选。而另一组学生，可选的其他三张都很精彩，这使得他们选择《罗》片的几率要大大降低。然后，被试学生根据回忆再给《罗》片打分。分到垃圾电影的学生根据回忆打的分数比先前的评分要高 10.1%，而分到优秀电影的学生根据回忆打的分数却比先前的评分低 7%。由此，我们的结论是：你所需要做的是选择参照物，使之远低于你当前的水平，最好和《苏格兰灯塔》一样差。

考虑太多没好处

你也许会相信，只要保持理性，就不会掉入“启动效应”或“框定范围”的陷阱；但我必须提醒你注意，约会中不需要很多理性。人在做决定时，瞻前顾后会比不加思考还要可怕。常有这样的人（包括我本人），在做出艰难抉择之时，先坐下来列个单子，分析利弊得失，以为这样做更合理。可我必须告诉你：这个主意很糟，往往成事不足、败事有余，因为它会把你引入歧途，特别是当我们应对难以言表的事情之时。我比较赞成这样的观点：生活之所以美好，就是因为它有不确定的一面。

想象一下，你现在要装饰房间，有五幅画可供选择，其中一张是梵高的名作，另一张是莫奈的，其他三张都是带有文字标题的卡通画或者动物招贴画。你会选哪一张呢？为了获得精确的答案，研究者以大学生为对象进行了专门实验。结果可能跟你预想的一致，大部分人选中了梵高或莫奈的画。这个结果不足为奇，因为，事实上，得此结论根本不需要什么研究。在大学生当中，梵高的画要比小猫玩毛线球更有价值。不过，实验的目的并不在此。研究人员感兴趣的是人在做决定前的思考是怎么影响决定本身的。为此，他们要求半数被试者各写一篇小文章，说明自己喜欢哪张画、不喜欢哪张画以及为什么。然后，所有被试者都得到了一次重新选择的机会，而且都可以把选中的一幅画带回家。

奇怪的事情便发生了，写短文的学生反而更青睐并且最终选择了三张活泼的招贴画。几周之后，研究人员通过电话询问发现，写过短文的学生对自己最终决定的满意程度却远低于那些没写短文的学生。写下感想，改变了自己的最初决定，但同时也使自己对最终决定更为不满，这说明了什么？研究人员给出的解释是，人“能用语言描述”的东西，并不一定是对自己最重要的东西。在这个案例中，很显然，“把梵高作品的迷人之处”表述清楚要比解释“为什么一幅画比另一幅好玩”困难得多。我们以为选择好玩的招贴画是因为有充分的理由，而实际上，所谓的“充分”理由只是能用语言表达清楚的理由而已。我们的理性施了黑色魔咒，使我们误以为自己所表达的是发自心底的真实想法。由此，我们也就能理解学生为什么会在写完感想、表达了态度之后，带着好玩儿的招贴画回家了。他们写下来的理由，并不能让我们捕捉到他们心底里真正的想法。一旦头脑的热劲儿过了，他们也会忘记了当初写下的话，潜在的真实想法可能重新涌上心头。正因为如此，他们事后会对自己的选择更为不满。

或许你认为，招贴画的例子过于抽象，不具有代表性。好吧，那我再举一个再具体不过的例子——人的味蕾。吃完东西后，如果有人要你写下为什么喜欢某种味道，你会发现，我们的味蕾也会犯糊涂。有两位科学家组织一些大学生来品尝五种不同品牌的草莓酱。大多数人都会很自信地说知道自己偏好什么味道，因而，挑选一种喜欢的果酱是很容易的。不过，这两位科学家要了一个小花招。实验分两组，一组只挑选自己最喜欢的一种草莓酱，而另外一组则要给出选择的理由。实验人员最后将两组学生的选择跟专业美食家们的评价进行了比较，结果发现，只做选择不写理由的那一组，与专家的评价更为接近。

我们想问为什么。难道说，我们要做出更为准确的判断不应该三思而后行吗？我很遗憾地告诉你：不应该。当我们被迫进行“理性思考”时，大脑会表现得更加糟糕。那组被要求给出理由的学生的确给出了理由——也正是这些理由，指引着他们做出了最终决定。这就是说，他们当时并没有按照常理来思考问题。一般情况下，我们会先尝尝草莓酱，挑出自己的最爱，然后再琢磨挑选的理由。然而，我们大多数人不是美食家，在区分同类食物的品质上，没有经过特别训练。所以，要求写理由的学生没有按照“先尝、后选、再分析”的顺序进行，而是先找出“能够用话语表达”的理由，然后再依据这些可以表达的理由来挑选草莓酱。这种现象不仅发生在选择草莓酱上，对于其他各种各样的食物来说也同样如此。另一项关于巧克力薄饼的实验也得出了相同的结果。事实上，这个道理对各种各样的事物具有普遍意义。当人们非要用语言来描述那些难以言表的东西时，必然要经历一个绞尽脑汁的过程，正是这个过程打乱了正常思考的节奏。要求描述某种颜色，事后却很难记得这种颜色；要求描述某人的外貌，却有可能回忆不起那张脸。

当然，你可能会认为招贴画和草莓酱的事跟情感生活没什么瓜葛。你会想，指出某件艺术杰作触动心灵的理由也许很难，但要说清楚对某人的好恶总该容易得多吧？这种看法听起来有些道理，实则不然。下面一项研究足以说明问题。这一研究以刚坠入爱河的大学生情侣为研究对象。实验每周一次，共进行了四周。每周有一半学生要花一小时思考自己的恋情。另一半学生也要思考，但内容与恋情无关。完成思考后，两组学生都要回答关于各自恋情的一系列问题。你还记得上文说的那个招贴画的实验吧？实验结果应该大同小异：理性思考会改变感性取向。事实正是如此。第一轮实验后，思考恋情的学生开始改变了看法。有的变得更加积极，有的变得更加消极。你也许会忍不住指出，与招贴画实验相比，在这个实验中，思考有助于实验对象明晰自己的爱情观。但是，实际情况根本不是这么回事儿。研究结果显示，思考恋情的学生的确有了新的观点，但是，这些观点跟他们最初的感受毫无关联（当然，他们最初的感受在实验开始之前就被记录在案）。他们会质疑自己的新观点吗？不会！他们质疑的是感受，而且会改变感受来迎合新的观点。另一组被试者经历的过程要长一点儿，但是等他们回答了有关恋情的问题之后，他们的态度也开始发生了变化。你可能会认为，之所以会发生态度变化，是因为“开始约会的小情侣，本来就是三分热情，说变就变”，但是有许多研究可以表明，这种说法是站不住脚的。即使是已婚夫妇或是相伴已久的恋人，如果对他们进行同样的实验，也会得出类似的结果。

另有一项研究发现，没有分析恋情的那组学生，跟分析过恋情的学生比，其态度和感受反而会更加准确地反映他们恋情的未来走向。这个结果再一次向我们证明，“能用言语说清楚的东西”跟“心里真正感受到的东西”并不完全一致，甚至会大相径庭。许多研究证明，我们对自己的爱好进行分析时，比如为什么喜欢某个人或某种食物，我们会想出种种“理由”，而实际上这些理由跟真正的原因没有任何关系。亚历山大·蒲柏 曾说，“一知半解，害人匪浅”，这话对我们具有警示作用。由于两性关系本身具有复杂性，所以，简单的认识其实根本触及不到问题的本质。

以上实验似乎在告诫我们，解释某种事物需要谨慎的态度，尤其是当我们并非这一领域的行家时。艺术史学家可以列出一长串理由，来证明梵高的成就高于迪尔伯特；而作为门外汉，大家在解释这类问题时，最好还是相信自己的直觉为妙。这个道理同样适用于恋爱方面。我们大多数人尽量不要把自己当成恋爱专家，不管这对你的自尊打击会有多大，你还是接受这句尊告为好。人们在恋爱方面犯的错误不胜枚举。假如某人符合你对理想恋人的大体要求，你就有可能忽略自己的真实感受。如果情感与原则发生冲突（比如不能爱上吸烟者），或者跟信念发生冲突（比如“爱情应当甜蜜”），你又有可能把情感抛在一边，死抱着原则或信念不放。

这种情况在女性身上表现得尤为明显，因为，与男性相比女性更有可能花很多时间来分析恋爱关系。请别误会，我并不是大男子主义者。研究表明，对于情感关系问题，女性往往比男性考虑得更多。一位我曾访谈过的女性说，最初在决定要嫁人时，她请女友一起吃午饭，一起分析每一位候选者的情况。饭吃得挺开心，可是一到约会开始，她便发现，那些午饭算是白吃了，因为所有的分析一点儿帮助都没有。为了找出一条“要不要跟某某继续交往”的理由，她和她的女友煞费心机，标准定了一套又一套，而且一套比一套奇特。后来她发现，她跟其中某位男士分手的唯一理由仅仅是因为他“耳朵长得偏下”。这时她终于意识到问题的症结所在。此后，她不再搞什么午餐碰头会了，而是千方百计摆脱理性分析。

我们不仅看不清别人的价值，而且对自己也知之甚少。有一项研究，要求被试者描述他人对自己的看法。结果发现，被试所描述的自我形象与他人的印象相去甚远，相关度只有0.40（1代表最高，0代表最低）。你可能认为自己很大方，但在朋友眼中，你可能没那么大方，而朋友的看法可能更加贴近事实。还有一些研究也证实，你周围的人对你的了解远比你的自我认知要准确，并且，在预测未来的行为时，他们的估计比你的自我判断更靠谱儿。

这并不是说，你要指望某个朋友来确定跟谁继续约会（别人靠不住，必须自力更生）。不过，请朋友帮助分析“哪些幸福指数更有价值”也不失为一个良策。你可能会认为某某身上的某种品质并不重要，比如体贴不体贴，但是你的朋友会提醒你，你过去之所以失败，不就是因为真正让你沮丧的是得不到体贴吗？你也有可能认为某某身上的某一品质很重要，但是你的朋友会提醒你，你以前那位有这一品质，可你并没有感到快乐。有一位女士本来已经到了跟男友分手的边缘，后来他们却重归于好，而且最终结为夫妇。你可知道，促成这对姻缘的正是一位朋友的及时开导——帮助她认清善良品性的价值。

峰—尾规则

按照这样的逻辑，我们不难想到，我们的记忆也是靠不住的。人们对往事的回忆特别不准确。认识这一点对于分析恋爱之事是很有启发意义的。诺贝尔奖获得者、心理学家丹尼尔·卡纳曼对人的记忆问题进行了深入研究。他发现，人们对某一段经历的记忆有强弱之分，并不是从头到尾都一样。人们往往只记事件的高峰和结尾，卡纳曼称之为“峰—尾规则”。为了进一步明确这一规则的普遍性，实验人员挑选一批接受结肠镜检查的人进行研究。不用说，把一根内嵌摄像头的管子（感谢上帝，现在什么东西都能做得很小）伸到直肠里，戳戳捅捅好几分钟，感觉肯定好不到哪儿去。正因为如此，许多人明知这种检查有利于健康，但还是能躲则躲。所以，假如医生能设法减少检查的痛苦，那么患者自然会更乐意接受检查。研究人员决定利用卡纳曼的“峰—尾规则”，让第一组被试者接受标准检查，第二组也接受标准检查，但要经过一项小小的周折——检查结束时，医生没有立刻把窥镜取出来，而是故意拖延 20 秒钟。窥镜留在体内是不好受的，不过跟之前的戳戳捅捅比，这 20 秒的滞留要好受得多。当然，俗话说得好，“布丁好不好，吃了才知道”。这多出来的 20 秒对病人的感受会造成怎样的影响呢？卡纳曼的理论讲得确实没错，第二组人员与第一组相比，其难受程度要低，而且更愿意接受后续的结肠检查。

你每次约会肯定比结肠镜检查要好受得多，不过卡纳曼的

“峰—尾规则”的确是个简便易行的方法。你要试的话，最起码要保证每次约会至少有一个值得回忆的快乐时刻，还有，不管你用什么办法，每次约会一定要以高潮结尾，因为这会给记忆增加亮度。

期望的魔力

我们的种种感受，不仅容易随肤浅的记忆而消散，而且容易被固有的期许所左右。就连像“如何品尝美食”这样的常识也极易受到期望的作弄。关于这个问题，康奈尔大学食品与品牌实验室主任布莱恩·旺辛克进行了非常成功的实验。其中的几项实验是在“辣盒子”里完成的。这个“盒子”其实是一间伪装成餐馆的实验室。在一次实验中，他向就餐者免费赠送一杯卡勃耐萨维格诺葡萄酒，当然，他向两组人做的介绍却不一样。其实，这种酒是很便宜的低档酒。不过，他对第一组的人说这酒是加州生产的新牌子，而对另一组的人却说是北达科他州的上等货。两组人喝的是同样的酒，可是不同的期望却在很大程度上影响了各自的体会和感受。喝了“北达科他州上等酒”的人对酒的评价远低于另一组，甚至连食物也觉得不好。事实上，他们对这顿饭的整体感觉都受到了影响，他们吃得很少，而且走得较早。

期望具有强大的威力，它就像一种超自然的魔法，可以将自己化作一个必然实现的预言。有一项研究测试一所小学的所有学生，然后随机选出一部分被试学生。实验者对老师说，这些孩子的得分特别高，他们下学年肯定还会名列前茅，而实验者并没有跟这些孩子和家长说这样的话。也就是说，只有老师对这样的评判心里有数。结果呢？这样一个小小的干预竟然产生了很大的效果。当年年底，那些被选的“优秀生”跟其他孩子相比，其智商测试得分要高得多。这就是说，诱使老师相信“这些孩子非同寻常”给了老师驱动力，使他们对这些孩子予以特别的关照，结果，这些孩子也就真的出色起来。

实验证明，期许的力量对于男女间的相互吸引也同样奏效。有一项研究，要求男女被试者通过电话交谈来认识一名异性。实验前，所有的男士都拿到一张女方的照片。其实，这些照片是从一组女士的照片里随机抽出来的，其中有漂亮的也有不漂亮的。而所有的女士都没有得到男方的照片。每对男女通过电话进行交谈，时间大约 10 分钟，谈话内容不限。结果呢？拿到漂亮女士照片的男士，其说话的方式，使得电话另一端的女士说话软绵绵、甜丝丝，更像一个“漂亮女人”——不管她的实际长相是美还是丑。

埃德温·加瑟里在《人性冲突心理学》（*The Psychology of Human Conflict*）一书中讲了一个十分有趣的故事，说的是类似的实验使一位女大学生的性格发生了巨大变化。有一帮男大学生选了一名腼腆内向的女大学生做实验。他们的做法是处处拿她当校花，比如请她参加各种派对，并确保总有男生殷勤地邀请她跳舞，而且表现出引以为荣的感觉。一个学年还没结束，这位女生的行为举止就发生了翻天覆地的变化。她变得更加自信，而且对自己的人气指数深信不疑。其实，男生已经结束了实验（当然他们一直对那名女生保密），可她仍然表现得充满自信。这里真正令人惊奇的是，她的变化太大了，连参加实验的男生们也开始用同样的眼光来看待她。要是有谁偷偷雇一伙人用同样的方式款待款待我们就好了——希望他们不要根据我们眼下的形象而是根据我们理想中的形象来对待我们。如果真有这样的机会，说不定我们也会梦想成真，变成理想中那个完美的自己。

幸福感的临界点

以上所言并不是故弄玄虚，把谁搞晕——尽管许多人在头脑里确实经常犯糊涂。读完本章之后，有些读者可能蠢蠢欲动，忍不住要在恋爱中强化理智的功能。但我认为，这样做是完全错误的。如果我们的讨论确实对你有所启发，那么，这种启发恰恰是想说明：强化直觉，淡化理性。当然，请你记住，理性对感情生活耍的小把戏并非一无是处。比如说，陷入爱情中的人会严重忽略其他异性的吸引力。有一项研究表明，与单身男性相比，恋爱中的男性对陌生女性的评价，要低至少 10%。另一项研究显示，95% 的人认为，他们的情侣在相貌、智力、热情和幽默感方面要高于异性的平均水平。

直觉也好，理性也罢，每当我们“展望未来”或“回首往事”的时候，我们必然会在思前想后之中开始怀疑所谓的“浪漫情结”，怀疑所谓的找到爱的伴侣就等于找到了幸福的归宿之谈是否真的那么灵验。如果你不信，请看下面关于彩票中奖者与瘫痪患者的故事。这个故事讲的是，世上没有任何一件事物像我们想象的那样能够对幸福产生影响。不管是大学生预测橄榄球队输球后的感想，还是教授们对留校执教资格的态度，相关的各种实验都证明了这一点。不过，我们先说说身边最常见的例子吧。我先问你一个简单的问题：中彩票和下身瘫痪，哪个能给你带来更多的快乐？毫无疑问，这个选择简直太简单了。但是，对于人的一生的幸福而言，两个选项之间却几无差别。

当中彩或者瘫痪这两种不同的命运突然降临时，人的情绪自然是天壤之别。中了彩票会欣喜若狂，感觉什么问题都会迎刃而解；瘫痪则会令人痛不欲生，感觉一切都失去了意义。然而，随着时间的流逝，不管是大喜还是大悲，都会慢慢汇入我们平淡的生活中。多项研究显示，中奖者过得并不比普通人幸福。有一项研究比较了未中奖者与中奖者（奖金从 5 万美元到 100 万美元不等）的精神状态，结果发现，与未中奖者比起来，中奖者在看电视或者跟朋友交谈时，再也不像中奖前那么快乐了。而那些瘫痪者呢？当然，他们不会像常人那样快乐，但另有一项研究表明，他们的幸福指数仅仅比瘫痪之前略微降低了一点点儿。

有些东西虽然从眼前来看对我们很重要，但我们往往高估了其可能延续的时间长度，这就是心理学家所说的“持续性偏差”。这一理论对于恋爱关系也同样适用。最近的一项研究显示，人们分手时的难受程度并没有预想的那么可怕。这是因为，人们只注意到分手本身的痛苦，却往往忽略其对未来生活可能带来的积极影响。人在亲历丧亲之痛时，如果能看淡生死得失，则可能从悲痛中超脱出来，变得释然。人自身有一个幸福临界点，在某些大事发生的时候——比如中大奖或结婚时，这个临界点会暂时偏移，然后迅速回归并保持在常态。人的生命中大部分时间基本保持在这个常态。那么，究竟需要多长时间能恢复到常态的临界点呢？通常说来，不超过 3 个月。也就是说，找到“唯一伴侣”这件事，并不像“浪漫情结”描述的那样重要。

作为本章的结语，我希望你对上述要素有一个更清醒的认识，因为这些要素在潜移默化地影响着我们的生活，当然也包括男女之情。这并不是说大家要成为理想的理性动物，但至少我们应该对内心的盲点有一些较为深刻的认识，使之不再成为爱情道路上的牵绊。

第二章

男女不同的性驱动力

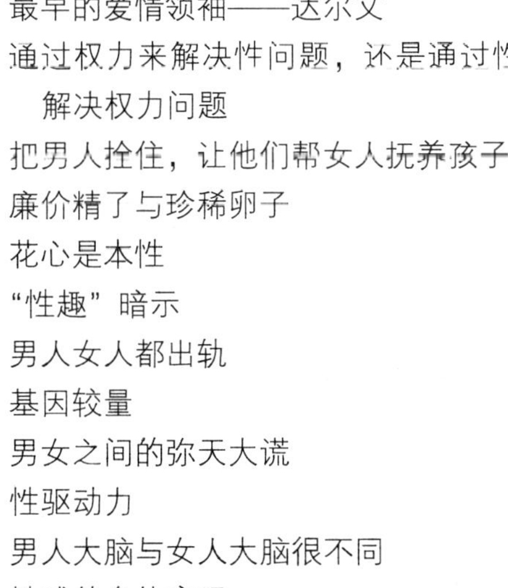

接下来的内容并不是故意要把你吓傻。如果说本书真有触及“浪漫情结”底线的地方，那非作者本意。本章的主题是以进化心理学为理论基础来研究人本身，以期透过主观幻象来昭示人的本来面目。我们会发现，情场就像战场一样，充满了欺骗与不忠，处处弥漫着男女之间持久斗争的阴霾。

为了更好地理解进化论的观点，我们必须将自己的所谓“独一无二”的偏见搁置一旁。的确，从小范围来看，人作为个体而存在，但是，当我们放眼整个人类社会时，我们关注的是种群而非个体。毕竟人类的基因彼此间相差无几。因此，尽管文化的差异使人们在很多方面你我有别，而进化心理学家的任务却是跨越文化障碍，探求人性的共通之处，找寻表现为集体的而非个体的人性特点。他们的理论依据是，人的思想、感情和行为这三者同属人性的范畴，是由几百万年前人类祖先所面临的生存挑战所塑造的。倘使完全从进化论的视角来看，我们甚至不是人类历史的主角，而仅仅是基因的玩偶。基因才是真正的主宰。

让你接受这样的理论前提，也许会有一定的难度。对于进化论的解释，许多人都不以为然，每每否认自己的行为跟进化论有什么瓜葛。假设某个男人跟很多女人上过床，如果你的解释是“为了多繁衍后代”，那么，他会马上用事实反驳说：“我使用了安全套，我不想让任何女人怀孕。”从意识层面看，他说的是实话，但是，这样的事实却不能解释是什么动机驱使他跟这么多女人上床，是什么原因使他愿意为此耗费这么多时间、精力和金钱。在意识之中，潜藏着男性寻求多个性伴侣的本能欲望。进化论可以为这种欲望提供一个很好的理由：性伴侣越多，把基因传给下一代的机会就越多。我们感兴趣的正是这个潜意识的层面。

透过进化论，你会马上发现，把意识与潜意识对立起来的现象是很普遍的。事实上，人类在文化上的进化要比在生理上的进化快得多，结果人类社会总是处于一种进化落差之中。人类最基本的欲望和本能，早在几十万年前应对非洲草原上的生存挑战之时就已基本成型。今天人类的生活和史前祖先们的生活已经大相径庭，但这并不意味着人类已经抛弃了祖先们遗传下来的生存本能。接下来我们要做的是通过剖析“丛林法则”①的本质，看一看男女之间到底是怎么一回事。

最早的爱情领袖——达尔文

先来简单介绍一下查尔斯·达尔文。这位大科学家在美国并不像在欧洲那样受宠。至今，仍有相当一部分美国人不相信进化论，不过，这样的境遇也在达尔文本人的预料之中。为了

① “丛林法则”（the law of the jungle）即“弱肉强食法则”。

揭开进化的奥秘，达尔文孜孜以求，不懈奋斗。1859 年，他终于出版了大作《物种起源》（*Origin of the Species*）。当然，我们这里更感兴趣的是他 1871 年出版的另一部作品——《人类起源》。在这本书里，达尔文对性选择的问题进行了深入的探究。

我们大多数人都记得达尔文的一句名言："物竞天择，适者生存"，或者叫自然选择。这其中包括性选择的学说，我们可以称之为"物竞天择，适者繁衍"。简单地说，自然选择指的是适应环境的能力，性选择指的是如何选择配偶。事实证明，性选择的作用至关重要，因为任何一种动物的存续所依赖的不仅仅是生存能力，还有繁衍后代的能力。换句话说，一头跑得最快的捻角羚，如果不懂得如何跟一头母捻角羚交配，那么，从进化论的观点来看，它就是个废物。达尔文的"进化论"思想经过一个漫长的传播过程才逐步得到认同，而"性选择"学说被人们接受，则经历了更长的时间。

如果你真的愿意认真思考达尔文的观点，那么，我有一个好消息，一个坏消息，还有一个令人失望的事实。先说好消息。数十万年前，你的祖先并不仅仅在忙着求生存，而且还在努力寻找伴侣以便传宗接代，你本身就是这一进化过程的成功例证，因为你代表了祖辈们绵延不断的基因链条。所以，首先请接受我对你的敬意！

然后，是坏消息。你周围的人跟你一样，都是进化过程的成功例证。事实上，你面临的正是生物学上所谓的"红后效应"的处境。这个术语源自刘易斯·卡罗尔《透过幽深的镜子》一书中的角色“红桃皇后”（Red Queen）。在这本书中，红桃皇后告诫爱丽丝，“即便你竭尽全力地奔跑，你也只能留在原地”。而这正是当今社会我们大家所面临的窘境。你知道，对于现有的环境，不管我们的适应性有多好，我们的竞争对手也会采取同样的做法。尽管我们现在再不用像祖先们那样担心动物的袭击（被狮子吃掉的可能性微乎其微），但是，同类的竞争却让我们更加劳心伤神，地球上有数十亿的他人，他们的体格越来越强壮，人数也在不断增加。

接下来，是令人失望的事实。以寻找终身伴侣为目的的爱情，不仅看上去是件难事，事实上的确很难，并且也应该很难。这正是“红后效应”的必然结果。你看过20世纪50年代或者80年代的电视节目，你一定会觉得，这些节目节奏缓慢、台词粗糙、人物肤浅。我要说的是，这只是“红后效应”在文化领域的一个例子罢了。你希望节目的节奏更明快、人物更复杂，简单说来，作为电视节目的消费者，你比上一代电视观众要精明老道。但问题在于，别人同样也比以前精明老道多了。所以，你对节目欣赏能力的提高，并不能使你胜人一筹，而只是保证自己不掉队而已。那么，想象一下，把恋爱放进上述情境，你努力打造出众形象，塑造可人性格，其结果顶多能保证自己不落后而已。由此我们可以理解恋爱为什么如此之难。除此之外，“浪漫情结”也时常迷惑我们的双眼，让我们以为找到爱侣就像灰姑娘将脚伸进水晶鞋那么简单。

对了，还有一条额外的好消息要告诉你。如果你接受了达尔文关于“性选择”的观点，那么，我们就可以从动物王国里获取灵感来洞悉人的本质。不过，在讨论动物之前，我还是先提醒你一下，我们这里探讨的是生理倾向，与所谓的道德评判不是一码事儿。比如说，从进化的角度来看，男性有不忠倾向，但这并不是说有这样的倾向是合情合理的。人类并不是本能欲望的奴隶，人类是文化的产物，文化构建了一系列的道德和法律规范。关于文化方面的问题，我们将在下一章详细探讨。

通过权力来解决性问题，还是通过性来解决权力问题

好啦。我们来看看人这种动物。与人类最近的血亲是黑猩猩（chimp）和倭黑猩猩。第一批类人动物（还算不上“智人”，但在生物学上也属于灵长类）就是在600万至700万年前从黑猩猩和倭黑猩猩进化而来的（这比生物学家以前认为的1500万至2000万年晚了很多）。从整个进化过程来看，600万年或700万年只是弹指一挥间。从分子的层面上讲，人类与黑猩猩之间只有1%的不同。在生理上，我们与黑猩猩之间的相似度比黑猩猩与猩猩之间的相似度还高。可以说，黑猩猩是人类最近的血亲，反之亦然。

生物学界有一种说法，认为人类与灵长类动物有很多不同之处，但相关的研究都无果而终。最新的一种说法，也是最复杂的一种，认为人类是唯一能揣测心理的动物（即“人类有能力想象此刻他人在想什么”）。不过，已经有多项试验证实，黑猩猩也会进行这样的高级思维活动。

显然，如果接受“黑猩猩和倭黑猩猩是我们最近的血亲”的说法，那么紧接着的一个十分关键的问题就是：我们是更像黑猩猩呢，还是更像倭黑猩猩？而这个问题包含着你可能想象不到的意义。我们就拿“性”来说吧。黑猩猩是通过权力来解决性问题，而倭黑猩猩则用性来解决权力问题。毋庸置疑，两种方式导致了两种截然不同的社会秩序。在黑猩猩的世界里，社会等级森严，雄性处于统治地位，雄性首领基本控制着与母黑猩猩发生性关系的机会，所以，在黑猩猩社会，通过“合纵连横”来推翻首领之事是历史常态。为了招徕异性，搔首弄姿的情况很常见，而为此付诸武力甚至赔上性命也不稀罕。在人类社会的监狱里，经常出现帮派火并，大概可以看做是黑猩猩社会的某种写照。

然而，倭黑猩猩与黑猩猩恰好相反，社会秩序完全颠倒。在倭黑猩猩的族群里，雌性处于统治地位。这样，雄性之间的攻击行为就大大减少。而且，正因为雄性不用通过斗智斗勇来获得与异性交配的机会，所以雄性不用花很多工夫提高社会地位。如果出现了分歧，倭黑猩猩往往通过性行为来解决问题，而性行为的方式可谓花样繁多。想象一下20世纪60年代末美国性解放运动的滥性场景，或许有助于我们联想黑猩猩的生活图景。我们不妨给和平一个机会！正如灵长类动物学家弗朗斯·德瓦尔论述的那样，我们眼前有两个选择，一个是渴求权力、崇尚暴力的“黑猩猩模式”，另一个是爱好和平、纵情声色的“倭黑猩猩模式”。

这样的对比不仅对认识性生活有启发意义，而且对研究政治生活也有借鉴作用。根据德瓦尔的观点，灵长类动物的进化过程告诉我们，等级制度在先，社会平等在后。猴子们搞的是严格的等级制度，而黑猩猩则是介于猴子（等级制度）和人类（追求平等）之间。不要以为美国人早就抛弃了过去的等级制度，我们的声音就隐藏着不平等的元素。音频低于500赫兹时，人的声音是无意义的噪声，如果过滤掉其中的高频噪声，剩下的只是低沉的嗡嗡声。不过，这种噪声像一扇暗窗，透过它我们可以看清人在潜意识里是如何监管自己在群体中的地位的。两个人在交谈时，声音会逐渐趋同，但令人感到惊奇的是，总是社会地位较低的一方最大幅度地调整自己的声音，以符合其社会地位。一项对拉里·金访谈嘉宾的研究发现，嘉宾中丹·奎尔对其本人声音做出的调整最为明显，这不禁使我们对这位不幸的前副总统产生同情之感。虽然在使用复杂多变的语言进行交流方面，人类最为成熟老到，但人类也更容易被自己的语言所蒙蔽，从而造成其他层面的交流障碍。这种障碍影响了人类的相互了解。有多项研究证实，动物凭直觉洞悉人类心境的本事超过人类的直觉。

不幸的是，尽管以暴力为基础的社会样本（像黑猩猩）要远远多于（像倭黑猩猩）纵情声色的样本，但对于“人更像黑猩猩还是倭黑猩猩”这一问题，还是没有定论。然而，也许最重要的比较因素是两者间的根本差异。人类与黑猩猩、倭黑猩猩之间，虽然相似之处很多，但有一个本质区别：人类是唯一能够维持长期配偶关系的动物。正是这一区别，产生了截然不同的结果。

把男人拴住，让他们帮女人抚养孩子

问题是为什么？是什么力量导致人们放弃纵情声色，转而选择一种稳定的伴侣关系呢？答案很简单：为了孩子。孩子出生之时，没有任何照顾自己的能力，而且这种情况将持续相当长的时间。有关现代狩猎部落（其社会形态更接近原始人类进化环境）的研究发现，孩子在15岁之前能够获取的食物远远不能满足身体的消耗。所以，对偶结合很可能出于生物学上的必要性。如果没有父亲的帮助，孩子光靠母亲来抚养，夭折的可能性就大大增加。这远比我们所说的“浪漫情结”要残酷得多，而且与现实生活的联系也比我们想象的更紧密。不知你想过没有，邪恶的继父继母为什么经常成为童话里的主角儿？其实，这种具有普遍意义的文化忧虑是有充分理由的，儿童被继父继母虐待致死的几率，是被亲生父母虐待致死的65倍。

不过，对偶结合也不是一蹴而就的。人类必须在进化过程中采取各种方式来不断强化配偶联系。我们就先从“性”说起吧。第一个问题是，人类为什么要发生性关系呢？从基因角度来讲，人类的性行为效率极为低下，其基因只有50%能够通过性行为遗传给后代。在自然界中，经过不断进化而形成的繁殖方式还有许多，其中有些方式为常人所不能理解，比如，多性恋、同性恋、双性恋，还有像《圣经》里说的“童女生子”。此外，在动物界还有变性动物。如果人类选择了无性繁殖的进化路径，那么我们可能会更有效率地将基因遗传给后代。不过，这样做也会有风险：失去对寄生虫的抵抗力，因为寄生虫的进化速度要比人类快得多。到底有多快呢？人类用数百万年时间，经历了25万代，才从猩猩家族中分化出来，成为智人。而对于埃布氏菌来说，繁衍25万代，只需要9年时间就行了。所以，不管是人还是其他动物，性是在进化过程中所产生的用于抵御寄生虫的手段。简而言之，除了使人类保持基因的多样性、抵御细菌和病毒的侵袭之外，性也是“红后效应”的又一个例证，人类的免疫系统拼命进化，到头来也只是做到不落后于攻击我们的寄生虫而已。

在性的问题上，不论男女，人类跟其他动物比应该引以为豪，因为人类做爱的持久性比其他灵长类动物都强。当然，就频率而言，人类远不如黑猩猩、倭黑猩猩等许多动物。不过，要论持续时间，人类可以轻松击败所有其他灵长类动物。倭黑猩猩完成交欢的速度快如闪电，只需区区15秒。15秒已经让人觉得不可思议了，可是还有更绝的。普通黑猩猩只用7秒钟就完事儿（这并不意味着母黑猩猩得不到高潮的快感。研究证实，只要抽送20次左右，母黑猩猩就能进入高潮）。这与狒狒的情况差不多，狒狒通常只需抽送15次左右就大功告成。大猩猩倒是不慌不忙，大约要花1分钟时间。这短短1分钟对于平均需要4分钟的美国夫妻来说，基本上连进入正题都不够。在这事儿上，能够超越人类的只有树栖猩猩，它们每次交媾的时间平均下来得有15分钟，但它们跟人类没什么可比的，因为它们整天就知道忙活这件事儿。

我们已经发现，在性行为方面，人比动物的持续时间长，这种差异需要进化论的解释。更需要解释的是，人类性交时间延长也会带来不利影响。首先，在性行为期间，人对于外来攻击猝不及防；其次，性交时间越长，耗费的能量也就越多（人类的进化为什么仍然执意朝着延长性交时间的方向发展呢?）其实，答案就在对偶结合之中。研究表明，人类性行为的目的更多地在于培养感情，而不仅仅是生儿育女。这并不是说生儿育女不重要，否则人们不会大半夜忙活这事儿，但是，生育只是偶然的副产品。事实上，如果从效率的角度来看，人类性行为的效率简直太低了。很多夫妻即使在生殖力旺盛的年岁，也需要好几个月才能怀上孩子。

如果将性行为看做是强化对偶结合关系的途径，那么，人类很多肌体特征的意义就不言自明了。比如说，女性的阴道开口是向前的，这样有利于面对面的性交动作；女性的乳房一直是凸起的——不管是否处于排卵期都是如此，这暗示着女性的性接受能力。对大多数哺乳动物而言，雌性的胸部只有在怀孕期间才会变大。动物行为学家戴斯蒙德·莫里斯认为，还有很多其他特征——诸如肥大的耳垂，笔挺的鼻子，以及外翻的嘴唇——这些都有利于面对面性交。人类身上体毛的减少也可能是一种鼓励对偶结合的手段。

也许最重要的一点是女性在进化过程中隐藏了排卵活动，这使得男人无法确定“最佳交配时间”。在这一点上，女人与其他雌性灵长类动物不同，后者的排卵过程是外显的（某些雌性灵长类动物在发情期间，屁股会变得红红的）。同时，女性在排卵期内，并不排斥性生活，这使男性更无法弄清女性的最佳受孕时机。上述一系列进化成果，在巩固、强化男女关系方面扮演着极为重要的角色。男性不单需要在短短的排卵期内看紧女人，而且不得不与自己的女人建立起长期而稳固的关系，以确保妻子所生的孩子管自己叫爸爸。人类学家海伦·费舍尔将这种现象称为“性契约”；“性契约”作为人类进化的产物，就是要把男人拴住，让他们帮女人抚养孩子。

廉价精子与珍稀卵子

那么，当所有促成对偶结合的条件都具备了，男女之间的关系就应该水到渠成了吧？很可惜，不是的。要明白个中缘由，我们还不能忘了对偶结合过程中精子与卵子两大参与者的关键作用。精子和卵子相遇、结合，剩下的事儿就如瓜熟蒂落了。它们相遇的方式不同，携带者（也就是男人和女人）对此的感受就不同，结果也将大不相同。

可惜，在相当长的时间里科学家们并没有意识到这个问题的重要性。尽管有许多科学家在研究、发展达尔文的进化论思想，但是性选择的问题却没有得到足够的重视，尤其是关于作为动物世界的特殊部分——人类世界的性选择问题的研究更是少之又少。不少科学家热衷于探究各种动物的求偶仪式，从鼻涕虫到狐猴，无所不包，并且乐此不疲，可是，一旦牵涉到对人类的研究，就不大有人问津。当然，也不乏特例，比如阿尔弗雷德·金赛。整个学界的态度是从 1972 年开始发生转变的。这一年罗伯特·特里弗斯发表了题为“亲本投资理论与性选择”

一文。这篇论文的题目并不引人注目，但从学术影响力看，该文算得上是继达尔文提出“性选择”学说以来在进化论研究史上的又一丰碑。特里弗斯的发现，就像一把揭开“性选择”之谜的钥匙，推动了进化理论的发展。特里弗斯的亲本投资理论就是生发这种推动力的引擎。

特里弗斯的革命性学说其实很简单。男女之间在生育后代方面的“投资”差异，对各自的求偶态度有巨大影响。在生育后代上投资越多，对配偶的选择就越挑剔；投资越少，对异性的吸引力就越差。只要想象一下酒吧间里许多男人围着一个曼妙女郎团团转的情景，你就很容易理解这一理论的基本原理。

现在再让我们回到精子和卵子上来。大家都知道，精子这东西很廉价。一般男子一次射出的精液当中含有数十万个精子（一个男人一生射出的精子数量能达到两万亿个！）虽说男人的性爱激情不能与公羊或者黑猩猩相提并论，但年轻力壮的男子能在一天之内做爱好几次。更为重要的是，如果这个男子要的只是一夜风流，而非为人之父，那么他就会在“播下种子”之后拍拍屁股走人，连头都不回，这也说明他的“亲本投资”少得可怜。

如果一名男子可以不限量地跟女性发生性关系，并且让她们全部怀孕，那么从理论上来说，他在一年之中可以繁衍上百个后代。著名历史人物中乐此不疲者不胜枚举。据史料记载，穆莱·伊斯梅尔（Moulay Ismael）这个嗜血成性的摩洛哥国王，从1672年到1727年先后生育了888个子女；根据最新的DNA研究显示，成吉思汗的子女可能比伊斯梅尔还要多；另据调查，世界各地的人口多数是区区19个皇族男性的后裔，这个例证恰好说明，成功男性拥有更大的性选择权力。

现在，我们分析一下女人和卵子。卵子确实是稀罕物。女子一个月才会排卵一次，而且要经过十月怀胎才能将孩子生下来。即便是在生产之后，她还要照顾孩子，不可能立即怀孕，因为哺乳行为增加了她的受孕难度。女人一生通常只能排 400 至 500 颗卵子。把这个数字跟男性一生上万亿个精子比比吧（当然，单个卵子的体积是单个精子体积的 85000 倍）。假设一名育龄妇女一年生一个孩子，那么，她一生可以生下 20 个。现实生活中，创造最高纪录的是一个令人咋舌的数字：96 个！这一纪录是 18 世纪一名俄国妇女创下的，因为她生的双胞胎多（这个数字也有可能是伪造的）。即便是这个让怀过孕的女性不寒而栗的数字，跟男性的繁衍能力相比，还是显得微不足道，而且任何一个普通男性都有这个能力，并不需要当什么伊斯梅尔国王。要是你觉得还不够令人信服的话，我们可以参考人类学的成果。人类学的研究已经证明“廉价精子”与“昂贵卵子”之间的巨大差异。在整个人类社会中，有 17% 的族群，两个家庭之间结亲会发生金钱支付关系，其中，要求给新娘家送彩礼的族群占了多少呢？96%！

特里弗斯的创新之处是认识到这一简单差别所带来的巨大后果。从进化论的角度看，男人尽可能多地将基因遗传给后代的理想方式，就是跟尽可能多的女人性交。而对于女人的质量则不需要考虑太多，丑也好，俊也罢，有牙也行，没牙也中。跟这么多女人发生性关系用不着耗费太多的精力，却可以占有这么多传递 DNA 的渠道。然而，对于一个想要孩子的女人来说，她的理想方式则是对男人尽可能地精挑细选。一个女人在一生中能怀孕的次数实在太有限了，所以她必须保证孩子父亲的基因足够优秀。对她来说，孩子的父亲到底是“开朗、性感、幽默、爱读简·奥斯丁的小说”，还是“呆板、无趣、愚蠢、热衷于虐待自己的狗”，其结果会是天壤之别。因此，性别较量——男女之间一场旷日持久的战争就此拉开——男人们想尽办法少花力气引诱女人，而女人们们则顽强抵抗，直到找到基因优良而且愿意帮助抚养孩子的“他爸”为止。有一项研究报告这样写道：物种进化所青睐的男性是“主动出击的性爱广告商”，而女性则是“不轻易表态、货比三家的消费者”。

呃，不过先等一下！我们忘了一个重要的缺陷：对偶结合。在现实生活里，法定的夫妻关系极大地改变了我们的上述预测。有了婚姻，男人一辈子要跟一个女人拴在一起。然而离婚率走高的事实说明，实际情况没那么简单。不过，出于理论上的需要，我们将坚守“至死不渝”的信条。那么，按照这个前提，像洛斯里奥①一类的花花公子会怎样呢？从结果来看，男人们也变得越来越挑剔，至少在对待终身大事时是这样的（而对于露水姻缘，大多数男性还是倾向于来者不拒）。但这丝毫不能改变精子和卵子的进化路径。即便有法定婚姻关系，男人和女人依然充分表现出与生俱来的倾向：男人拿着廉价的精子追寻拈花惹草之乐，而女人则怀着宝贵的卵子警惕红杏出墙之灾。这里

① 洛斯里奥（Lothario）：源自尼古拉斯·罗所著的戏剧《迷人的忏悔者》中的人物，象征勾引女人的男人。

的道理就是，男女之间的较量与生俱来，而对偶结合不过是控制这一斗争的手段而已。

当然，对于眼下正处于恋爱阶段的女性来说，特里弗斯的理论是个好消息，因为按照这一理论的观点，女人在求爱阶段掌握着主动权。哈佛大学人类学家欧文·德沃雷甚至将男人称为“女人的繁殖实验品”。这个观点可以用来解释男性为什么寿命较短（地位低的男人尤甚）：男性如果想让自己的基因遗传下去，就要承担更大的风险。女性读到这里，很可能会暗自嘀咕达尔文的理论是否真的有道理，只是她们可能感觉不到自己到底掌握了多大的控制权。当然，这当中还存在一些消极因素。比如，至少从理论上讲，婚姻意味着一辈子的承诺，因此男人们也会挑剔起来。此外，人口统计结果和文化因素也在减损女性的优势。如果女性人口大大超过男性，男人就会变成稀罕物。因此，为了看清楚女性具有的潜在控制力，我们不妨分析一下美国女性用以改变恋爱以及婚姻规则的一个方法——拒绝性关系，直到结婚。没有短暂的一夜情，也没有长期的同居。如果真能如此，那些关于男人不忠不诚的怨妇之言将荡然无存。既然有性关系的存在，很多男人当然乐于与某某女性保持恋爱关系，拖几年都不烦。倘若婚前没有了性关系，恐怕男人们再没闲心白谈那么久。

花心是本性

自特里弗斯那篇富有革命性的论文发表以来，一项又一项的研究证明，精子和卵子之间的差别对于人类性行为具有重要的影响（对其他生物也一样）。我们还是从性谈起。根据特里弗斯的理论，你可能有这样的期望：对于性的态度，男女之间存在着巨大的差异，而这个观点已经为研究所证实。如果你是一位坚信爱情至上的女性读者，如果你认为男人并不总是那样热衷于性满足，那么，我建议你最好跳过下面这几页不看。

简单地说，男人寻找性关系的门槛要比女人低得多。如果你不相信我的话，我们可以做个小实验。假如你是一位曼妙女郎，向街上的一名男子走去，问他是否愿意跟自己做爱。对方的回答一般是：愿意。我是怎么知道的呢？因为研究人员的确进行了这样一项实验。在一所大学的校园里，一位妙龄女郎走近一位男士，向他提出如下三个问题中的一个：

1. 今晚你愿意和我约会吗？
2. 你愿意和我一起回我的公寓吗？
3. 你愿意和我做爱吗？

对第一个问题，50%的受访者表示愿意约会。从前文“亲本投资理论”来看，这一比例是低了点儿，但不要忘了，一场约会需要花费一定的时间和金钱，但并不保证会有性关系发生。接着看后两个问题的答案发生了什么变化。69%的男性愿意陪女方回到住所，而愿意与之发生性关系的比例竟然高达75%（这个数字很有可能比实际意愿的人数低——研究者注意到，拒绝发生性关系的男性通常是充满歉意的，往往会委婉拒绝或者寻找托辞，比如说“已经有未婚妻了”等）。

研究人员接下来让一位性感男士走近女士，然后也问同样的问题。对于第一个问题的回答，结果与前类似，50% 的女性愿意约会。而后面的两个问题，结果与前相比，出入之大实在令人惊奇：仅有 6% 的女性愿意随男子回住所，而没有任何一名女性愿意与之发生性关系。

我明白，本书的一些女性读者已经在质疑这项实验的有效性，因为女性在接受陌生人邀请时会感到恐惧，而男性却没有。研究人员同样意识到了这一点，于是他们进行了第二项实验。这一回，实验对象碰到的是了解自己的好朋友，接着开始提问下面两个问题中的一个：

1. 你会和陌生人约会吗？
2. 你会和陌生人上床吗？

对于第一个问题，91% 的女性和 96% 的男性表示愿意约会，这两个数字仍然非常接近。但是对于是否愿意与陌生人上床，只有 5% 的女性表示愿意，而有足足过半的男性表示非常乐意（当然是背地里做啦！）。这一结果与进化理论的观点不谋而合。通常来讲，女性是挑剔的，在一夜情的对象上，她们会更加挑剔。

各种各样的统计已经证明男女之间的这一差异。芝加哥大学的一项调查显示，54% 的男性一天会思考一次“性”，而只有 19% 的女性如此；40% 的男性一周会自慰一次，而只有 10% 女性会这么做。另一项研究结果显示，在 20 至 30 岁之间的男性当中，有 85% 的人每 52 秒就会想一次“性”（这不禁让人感到好奇，男人究竟是怎样完成其他工作的呢?)，而女性一天才会想一次，不过在排卵期内例外，一天能想到3至4次。虽然不同研究得到的数据不尽相同，但是不管区别有多大，与女性相比，男性想到性的次数更多。

此外，男性对于性伴侣的多样性也有着更为强烈的需求。有一项研究，调查大学生在不同的时间段内，愿意有多少位性伴侣。被试者的回答是：在“未来一年内”，女性平均希望有1位性伴侣，而男性希望有6位；在“未来三年内”，女性希望有2位，而男性希望有10位；“在后半辈子”，女性希望有4到5位，而男性希望有18位。

男性对性伴侣多样性的渴求十分强烈，结果出现行为古怪、不合常理的情况也不稀奇。1995年，休·格兰特[①]正与超级名模伊丽莎白·赫利恋爱，可他仍感觉需要找一名妓女寻欢，结果被警方逮捕。尽管此事没有影响到他的演艺事业，但从侧面说明，大多数好莱坞大腕儿们的纵欲，也是出于本能的冲动。男人闹出此类笑话的例子不胜枚举，而且眼前尽是，从比尔·克林顿到埃利奥特·斯皮策[②]，这些人不惜冒着极大的风险体验多样的性伴侣。他们的种种举动，单纯用理性的方法是根本无法理解的。在我看来，只有进化心理学能给出一个令人满意的解释。经过上千代人的生生不息，人类在进化过程中产生了深

---

① 休·格兰特（Hugh Grant）：英国男演员，代表作有《四次婚礼一次葬礼》，以风度翩翩、略带羞涩的英国绅士形象示人。

② 埃利奥特·斯皮策（Eliot Spitzer）：美国纽约州前检察长，因卷入召妓丑闻，于2008年3月正式宣布辞职，其不到15个月的州长生涯就此结束。

层次的本能驱动——这里指的就是男人对于性爱多样性的强烈欲望，这种驱动左右着人的行为。就连“中年危机”这个老话题，其实也是进化论本能思想的体现。最新研究结果显示，男子遭遇中年危机并不是因为自己正在变老，而是因为他的妻子在日益憔悴。妻子生育能力的枯竭，点燃了丈夫心中寻找更年轻、更有吸引力之女性的欲火。

唐纳德·西蒙斯和布鲁斯·艾利斯进行了关于性幻想的研究。我们可以通过这项研究来说明男女之间在性态度上的差异性问题。这项研究要探究的是男女在暂时摆脱世俗束缚时会在梦境中看到什么。研究报告显示，男人和女人都有性幻想，并且乐此不疲，但性幻想的内容却迥然不同。男人的性幻想更为频繁，更为露骨，视觉方面的东西更多。女人的性幻想更多的是有完整的剧情和情感的东西，而且，女人所体验的是心理上的兴奋（而男人所体验的是肉体上的兴奋）。女人们的性幻想更多地包含有深情和承诺，但最大的不同或许在于如何幻想自己的伴侣。女人在性幻想里更愿意与自己熟悉的人搭档；而在搭档的数量方面，男人们则遥遥领先。37% 的男性实验对象表示，他们性幻想的对象已经超过了 100 人，而只有 8% 的女人突破了幻想对象的“百人大关”。在选择色情作品的偏好方面，男女间的不同也有很好的体现。色情出版物、音像制品——这些东西包含有暴露的视觉内容，里头有大把大把的女人可供选择——几乎全部都是为男人而准备的；而浪漫的爱情小说——侧重点则放在情感联系以及一个男人和一个女人之间的关系上——几乎全部是为女人准备的。

“性趣”暗示

除了“想多做爱”、“希望性伴侣多”之外，男人更想知道女人们有怎样的“性趣”，尽管这根本就是没影儿的事儿。《洋葱》杂志[①]上登过一个我最喜欢的标题：“男人错在想入非非，误把聊天当约会”。一个女人和一个男人善意地聊了会儿天，结果招来引诱之嫌，有此境遇者一定明了《洋葱》这篇文章的意思。有许多研究发现，男性不断将女性的某些行为（比如微笑）误读为“性趣”暗示。这种不假思索的误读，在最普通的碰面中也会出现。在另一项研究中，男女被试者被要求听交谈录音，其中有色情内容，但多数是日常交谈。几乎所有的被试者都能被色情交谈唤起，而有些男性甚至能被日常交谈唤起。对于色情交谈，男性不仅被唤起而且其反应也比女性强得多。我要提醒一些读者，女性在与男士交谈时，像“你好”这样一句客气话也不要轻易说出来，免得引发那位男士的性狂热。

明白了这个道理，女士们就该对自己的男友留点神儿。你还记得电影《当哈里遇见萨利》（*When Harry Met Sally*）当中，关于男人和女人能否做朋友的争论？不错，科学似乎已经给出了答案：不能。至少男人不能。按照进化心理学家埃普利尔·布莱斯克（April Bleske）的观点，男性受女性性吸引的程度是

---

① 《洋葱》（*The Onion*）：是美国最受欢迎的幽默讽刺杂志，以标题骇人听闻著称。

女性受吸引程度的两倍，男性认为与异性可能发生的一夜情对自己有百利而无一害。同时，男性会过高地估计自己对女性朋友的吸引力。

对于这一倾向，用达尔文主义的观点也同样可以做出完美的解答。男性大脑的构造并不是用来追求精确度的最大化，而是追求与异性交配机会的最大化。出于进化论上的自我本位观点，男性眼中看到的“性趣”要比实际存在的多。这种倾向的弊端无非表现为社交上的尴尬而已，而其优点则在于扩宽了传递基因的道路。在这个意义上，男性的这个偏好并非是先天缺陷反而是一个显著的优点。实际上，男人越聪明，就越可能表现出某位学者所说的“她喜欢我”的偏向。有项研究，要求男性被试者预测女性对一则无条件性交广告的反应。最聪明的男士过高地估计了女性的兴趣，而最为睿智的女性则表现出一种迥然不同的偏好：她们过高地估计了男性对伴侣出轨的痛苦。实验的结论再次表明，女性和男性所关注的东西有着根本的区别。

男人女人都出轨

男女之间在对性问题上截然不同的态度自然为各种冲突提供了基础。既然男性对性伴侣有多样的渴望，既然社会体系是在婚姻和一夫一妻制的基础上构建起来的，那么，你一定会想到，人的不忠行为是普遍的，我们的研究也证明了这一点。进化心理学的代表人物大卫·巴斯曾做过预测，30% ~50% 的美国人婚后至少会“出轨”一次。更为糟糕的是，男性是否忠贞与他们是否结婚没什么关系。一项调查结果显示，出轨的男性中有56%仍然宣称自己的婚姻是“非常幸福的”——这可能是我知道的最让人难受的婚姻统计数据了。不过，在一怒之下放弃一切男人之前，女人们也应该清楚，她们比男人也好不到哪儿去。根据巴斯（*Buss*）的估计，20%～40%的美国女性同样会在婚后出轨。另一项研究显示，男女双方在婚后至少有一方出轨的几率高达76%！如你所见，关于出轨的各种调查数据之间存在很大的差异。这说明，人们不仅对自己的伴侣不忠，而且对关于贞操的研究也不诚。

女性出轨与男性的情况确有不同。根据另一项调查的结果，大多数红杏出墙的女性表示，她们感到自己的婚姻生活“很不幸福”。而且出轨的女性更容易付出真心、全情投入。一项研究发现，44%的男性承认他们偷情时基本或根本没有付出感情，与此相比，只有11%的女性表示自己偷人并没有投情。

这些风流债并非只是卧房里的事，而且也是产房里的事。根据多项研究显示，大约10%的儿童并不是实名父亲所生。由于一些显而易见的原因，这一问题根本没有经过系统研究，从其他相关研究得出的数据来看，这个比例是从5%到30%不等。根据这些证据，研究人员只能得出这样的推论：通奸作为人类进化的因素之一，并未得到足够的重视。当然，与动物王国比起来，人类表现得还不算太糟糕。研究证实，自然界里上演的偷情好戏要比想象的多得多。哺乳动物里很少有一夫一妻制的。猿类的一种，长臂猿，实行的是一夫一妻制，但是科学家经过

DNA 检测后发现，长臂猿也会背着配偶偷情。很多鸟类是成双成对的，被人类视为忠贞不渝的典型，但是有关研究的结论也将这一温暖人心的童话击得粉碎。通过 DNA 检测，研究人员发现，30% 左右的鸟后代并非它们名义上的“鸟爸爸”所生。有些鸟类，其后代不是与“终身伴侣”所生的比例高达 76%。显然，即便是鸟儿，也会时不时觊觎邻居家的“媳妇”。科学家认为，鸟儿之间所谓“一夫一妻制”的出现，并不是出于什么“浪漫情结”，而是雌鸟为了掌握决定谁是鸟爸爸的大权，因此，守护配偶只是雌鸟达到这一目的的手段而已。

类似这样的统计数字的确令人瞠目。科学家们一直认为，雄性热衷于“播种”而雌性的角色几乎是完全被动的。有一种观点甚至认为，交配活动“完全是女人对男人提供的服务或帮助”。然而，雌性动物（包括女人）同样会乱交的事实，则成为揭开真相的爆料（“真相”能够被揭开，这本身说明文化偏见能产生巨大的思想影响）。前文已经分析了男人喜欢扩充性伴侣队伍的原因，现在再回到精子和卵子的问题上。精子是廉价的，男人通过多上床可以增加传宗接代的几率。但是，女人们为什么也要乱交呢？卵子是珍稀资源，而且一个女人生育子女的能力是相当小的。

啊，其实女人自身也打着基因的算盘。女人想要找的丈夫首先是一个能养家糊口的人，但如果同时也有最好的基因，那是求之不得。实际上，鱼与熊掌不能兼得，两者同时满足的几率甚微。一个女人最后可能找一个中等的男人嫁掉，不过，如果她愿意发生一夜情且不附加任何条件，那她自然会跟一位更有魅力、更成功的男士上床。女人通过背着老公在外面偷情，可以两者兼得、互不耽误——既有养家糊口的丈夫又为孩子争取了尽可能好的基因。

基因较量

我知道这样描述偷情是有些牵强。大部分女人都不会为了得到优良的基因，在转念之间就背着老公出去厮混。不过请记住，我们在本章所谈到的内容都是发生在理性思维之下的。持怀疑态度的读者可能会以此来否认我的观点，其实你不必相信我的话。你只需看看人类的身体就行了。人的身体能说明什么？能说明男人和女人之间发生着一场旷日持久的军备竞赛——当然，这里所说的参战双方不是我们，而是我们的“代理”，也就是精子和卵子。这是一场典型的“红后竞赛”，参与双方都想抢占上风。男人想让所有与自己上床的女人怀孕，而女人想争取选择孩子父亲的权力。一个女人可以找到一个足以托付终身的丈夫，但暗地里还是想从某个男人身上获得质量拔尖儿的精子。如果以上所言成立，那么，你一定会认为，不管是男是女，都会想出妙招儿来增加自己的胜算。在上文里我们已经注意到，女人有防止男性觉察自己生育能力的成功策略：隐蔽排卵活动。但成功的策略远不止这些。男人和女人都有一系列迅捷有效的“秘密武器”来增加延续自身基因的胜算。这些“秘密武器”一方面说明我们受性选择影响之深，另一方面也告诉我们，在这场没有硝烟的基因较量中，人类只是被任意摆布的棋子而已。

读者你也注意到了，现在我们已经跟所谓的“浪漫情结”渐行渐远了。

威廉·赖斯[①]于1996年进行的一项针对果蝇的独创性研究，可以说是这场战争最清晰的例证。在这项研究中，雄性果蝇单独繁殖41代，而同期繁殖的雌性果蝇却不是单独进行。这样做当然对雄性果蝇有利。它们会逐渐进化出效率更高的精子。如果某个雌果蝇与此类雄果蝇交配，然后再与另一个此类雄果蝇交配，那么，雌果蝇与后者受孕的几率要高得多。成功的原因是什么？是它们的精液毒性更强，可以基本上消灭对手的精子。当然，这是要付出代价的，而通过代价获得优势的事实恰好说明，性进化并不意味着两性的合作，而是单个性别首先进化出某一种新的特性来与异性相对抗。那么，这种对抗有多激烈呢？单独繁殖的雄性果蝇的精液，会产生很大的毒性，如果某一雌果蝇与足够数量的此类雄果蝇交配，那么，雌果蝇体内的精液足以致命——这样一来，就只剩下那些“毒鳏夫”了！幸运的是，人类的精液远未达到致命的程度。不过，人类的精子和卵子每天都在进行着同等激烈的战争。

接下来，我们讨论人类性问题上最具争议的话题之一：女性性高潮。至今，对于讨论这个问题的必要性，人们也还是众说纷纭、争论不休。女权主义者会认为上述说法只是披上科学外衣的大男子主义，但女性的性高潮的确是个严肃的话题。男人产生性

---

① 威廉·赖斯（William R. Rice）：美国加州大学圣巴巴拉分校教授，杰出的进化学家。

高潮的原因是显而易见的，精液释放。这个理由还可以说明为什么男人的性高潮为跟上了发条一样极有规律（同时也能解释“为什么有的男人会早泄”，快速高潮对男人好处多，可缺点却需要女人来承担）。不过，女人一个月只排卵一次，而且没有性高潮也可以受孕，这一点使科学家们质疑女性性高潮的必要性。

有一派观点，虽然还不是定论，但我认为很有说服力。女性性高潮似乎是作为一种灵敏的选择机制而存在的，这一机制犹如一把匕首，直插“浪漫情结”的心脏。有一项实验，研究女性到底何时产生性高潮。结果令人惊讶，女性性高潮的次数既不随其情感投入的增加而增加，也不受男性做爱技巧高低的影响。这就对了。虽然有关如何成为更棒的情人的书籍多达数百种，但女人的性高潮却跟男性的性技巧没什么关系，而且跟女人对男人的爱也搭不上边儿。那么，是什么促使女性产生性高潮的呢？是性伴侣身体的对称性：男人身体左右两侧的吻合程度有助于女性高潮的产生。我知道这个说法非常荒谬，但是，身体的对称性确实能很好地反映健康状况，尤其是基因的健康状况。一个人疾病越多，其身体的对称性也就越差（多项研究已经发现，人的对称性越差智商越低）。想想卡西莫多[1]，你就会明白什么叫做“长得极为不对称”。研究人员已经证实，男人长得越匀称，女人性高潮次数就越多。简而言之，女人在潜意识里对男人基因的优秀程度进行着评估，而评估的结果在很大

① 卡西莫多（Quasimodo）：雨果名著《巴黎圣母院》里的重要人物，一个被父母遗弃在巴黎圣母院门前的畸形儿，被称为长相丑陋又聋又哑的钟楼怪人，心地善良。

程度上影响着女人性高潮的出现。

那么，这一切又跟性高潮作为性选择手段之说法有什么关联呢？罗宾·贝克尔（Robin Baker）和马克·艾利斯（Mark Ellis）做过一项实验，研究女性性高潮对体内存留男性精液量的影响，结果发现，女性性高潮对精液存留量有极大的影响。如果女性不产生性高潮，或者性高潮的发生比男性射精早一分钟以上，那么其体内所存留的精液量会非常少。但是，如果女性性高潮的发生比男性射精早不到一分钟，或者持续到男性射精之后，那么她体内会留存大量的精液，而这会大大增加卵子受精的几率（这项实验对超过 300 次的性交活动进行了研究。按照实验要求，性交结束后女性蹲在烧杯上方，这样便于测量精液"回流"量，即性交刚结束时阴道随即排出的精液量）。所以说，能使女性产生性高潮的男性，即身体对称性好的男性，让女方受孕的可能性就大大增加。研究人员将这种帮助女性选择男子精液的隐性机制称为"隐性雌选择"。

如果把"忠诚"这一因素放进上述平衡之中，那么，结论会出人意料地发生逆转。我们在上文提到"妻子不忠是为了求得基因更优的精子"这一理论。现实看来，女人的性高潮对这个策略也是积极配合的。另有一项研究显示，红杏出墙的妻子往往选择最易受孕的时间偷情，而且 70% 的性交会出现性高潮（与丈夫做爱达到性高潮的几率只有 40%）。也就是说，不忠的妻子不仅选择最易受孕的时候偷情，而且选择的是更易达到性高潮、体内留存精液量也最多的时期。研究人员经过计算发现，红杏出墙的妻子与丈夫做爱的频率可能是与情人偷情的两倍，但怀上情人孩子的可能性却更大（还有研究显示，女人与丈夫做爱时假装达到高潮的情况更多，这很有可能是用来转移对方注意力，以避免对方怀疑自己的不忠）。

那么，性选择作为一种隐性方式，其发生的可能性到底有多大呢？远远超出我们任何人的想象。据一项研究估计，在英国出生的儿童中，有4%到12%是在精子竞争的环境中怀上的。这至少说明同时有多名男子的精子在同一条阴道里竞争，目的是争夺与同一卵子的结合权。该实验还指出，多数西方男性和女性都曾经历过至少一次“精子竞争”。另一项调查发现，每8位女性受访者中就有1位曾经在24小时内与至少两个男人发生过性关系。

从男性的角度来看，“隐性雌选择”的方法也许有点儿可怕，但是从女性的角度看来，却十分有用。多项研究证实，身体对称性好的男性偷情的几率更大。所以，女性想得到好基因，就去找长得匀称的男人；如果想找家庭的顶梁柱，还是另做打算好。由此观之，女人的性高潮远非一件没有用的进化副产品那么简单，而是一个妙绝的遴选优秀精子的机制。

还有的理论认为，男性的精子生来就是为了与其他精子竞争的。根据这一观点，每个男人的精子当中，只有不到1%是用来与卵子结合的，其余的精子都是用来阻挠其他男人的精子与卵子结合的。现在，大多数人认为这个观点很牵强。不过可以肯定的是，精子和卵子正陷于“进化竞赛”的对峙之中，而且这场竞赛将是旷日持久的。

在这场高风险的基因竞赛里，男人并非毫无还击之力。男人有一个进化而来的策略：为了当亲爹，多多找女人。有些哺乳动物甚至演化出了交媾专用的“塞子”——它们射出的精液中含有一种物质，能有效阻塞情敌的精子。男人没有这么原始的东西但也有自己的武器。最近一项研究认为，男人长有脊状的龟头是用于挖出情敌的精液的，而且男人射出的最后一部分液体当中，含有一种天然的杀精剂，它能对女人的偷欢进行有效补救和预防。研究人员还做了一项实验，把两类男人射出的精子放在一块比较，其中一类男人的全部时间都与妻子共处，而另一类男人只有5%的时间与妻子同眠。结果呢？后者精子总量是前者的两倍，7.12亿比3.89亿。此外，人的精液含有前列腺素。这是一种能够引发子宫收缩的激素，可以暗中阻挠女方对性高潮时机的选择。这意味着男人手里也握有一些进化而来的好武器，能够确保女人怀上的是自己的孩子。

正如马特·里德利[1]的大作《基因组》（*Genome*）描述的那样，即使是在人类基因编码的层面上，男女之间仍然是纠缠不清、战火不断。从过去某个时候开始，人们已经抛弃了通过测量卵子温度来进行胎儿性别鉴定的粗陋方法，代之以基因手段，因为这种方法可以跟踪专门的性基因的发育。不过，这种方法也同样很不稳定，因为某些环境对一种基因有利，却可能对另一种基因不利。比如说，性引诱的能力对Y染色体来说是很棒的基因，但对X染色体来说，能抵御性引诱的基因才是好基因。

---

① 马特·里德利（Matt Ridley）：曾是《经济学家》的科技编辑，《红色皇后：性与人类本性的进化》、《基因组：人种自传23章》的作者，现居英国。

如果一种染色体可以去除另一种染色体的某一特质，那么，这种染色体对一种性别是非常有利的。问题在于，X 染色体和 Y 染色体之间的“基因战争”并不公平，因为 X 染色体总是占 Y 染色体的上风。女性持有的是 XX 染色体，而男性体内是 XY 染色体。每当 Y 染色体有 1 个机会能破坏 X 染色体时，X 染色体就有 3 个机会能“命中”Y 染色体。在这种情况下，这场性竞赛变成了一场大屠杀，而 Y 染色体唯一明智的事只有一件——撤退隐蔽。为了能有效撤退，Y 染色体已经变得非常非常小了。再说，X 染色体拥有超过 1000 个活化基因，而 Y 染色体却仅存 25 个活化基因。随着时间的推移，Y 染色体已经摒除了大部分基因，只留下必不可少的一部分。结果，X 染色体可瞄准的目标少之又少，从而保证这场“基因竞赛”不会以 Y 染色体全军覆没而落幕。也许你并不知晓，在单条染色体基因层面上，人类也激烈上演寻找爱侣的斗争，女人的 X 染色体和男人的 Y 染色体正打得难解难分。

男女之间的弥天大谎

由于这场战争在人性和基因两个层面上都打个没完没了，伴侣关系就变成了滋生欺骗的绝佳温床。这其中的部分原因是，现代社会给人们提供了更多的说谎机会。在我们祖先生活的环境里，社会组织规模较小，说谎的人肯定会被冠以不诚实的坏名声。在当今的环境下，尤其是大城市和人口稠密地区，说谎被戳穿的可能性微乎其微。网恋则加剧了这一问题的严重性。

恋爱中的男女总跟对方说谎，已是司空见惯。1990 年一项针对大学生的研究发现，对于自己过去的恋情或不检点行为，85% 的受访者会对伴侣撒谎。另一项研究显示，恋爱中的情侣有三分之一的交流是在说谎。结了婚的伴侣则有所长进，他们的交谈只有 10% 是谎言。不过，研究还发现，夫妻之间常用弥天大谎来隐瞒真情。妻子会对是否喜欢丈夫的新领带说真话，但在“是否和邮差上过床”的问题上会撒谎。虽然说男人比女人更不诚实，但男人至少对自己的欺骗行为更坦诚，所以对男人撒谎程度的估测要比女人撒谎精确得多。而以上提到的这些谎言，只限于我们能公开承认的那种。最为成功的谎言，是我们在说的时候连自己都没意识到的那种。而且多项研究表明，在很多与性爱有关的问题上，我们十分擅长对自己撒谎，比如在引诱某人上床时，我们许下的诺言往往能把自己搞晕。

情感欺骗的方式通常是可预料的。在女性有不忠倾向的社会背景之下，男人所畏惧的无疑是忠诚和儿女的血统等问题，因为女人往往隐瞒自己的性生活。这样就很容易理解，性行为调查显示的男女性伴侣在数量上存在巨大差异（另一个原因是男人夸大自己的性伴侣数量）。研究人员发现，将女大学生连接到一台假冒的测谎仪上，然后问她们有多少性伴侣，她们回答的数字是没有连接假测谎仪时的两倍！对于男人来说，想要检验女人是否忠贞，最简单快捷的方法是让女人透露其性幻想的内容。研究人员发现，女人对其他男人的性幻想越多，那么现实生活中背叛爱侣的可能性就越大。除此之外，尽管女性不会把诸如佩戴加垫胸罩、穿连裤袜等行为看做欺骗，但是在自己的身体外观方面，女性的确是喜欢撒谎的。

我在访谈过程中注意到，不断有女性承认，她们不会向男性坦白自己的性生活经历。有位魅力非常的女士，二十七八岁时对自己的性能力极为自信，于是纯粹为了快感与男人做爱，然后两来无事，分道扬镳。这样算来，她的性伴侣累计已有三十几个，而且她还曾向约会男友自豪地宣告这个事实——但之后她再也不提了，因为男士们无法接受这一事实。他们当中有些人当场就被吓傻了，有些人则甩袖愤愤而去。每当她说出自己的性经历，都毫无例外地伤及彼此的感情，甚至导致恋爱关系终止。现在，当再被问及同样的问题时，她总是回答说和6个男人上过床，这样一来就在“假正经”和“真放荡”之间找到了完美的平衡。另一位女士称，与她约会的男人常常害怕问这个问题，因为他们不想打破眼前这个女人守身如玉的幻象，而对于这位女士来说，她也乐意成全这帮男人的幻想。

男人最耿耿于怀的莫过于女人的不贞，而女人更不能忍受的却是男人的另外一些方面，比如，夸大自己的收入和地位，以及为了将女人弄到手而夸大自己的爱慕之情等。研究证实，男人喜欢谎称自己经济稳定、一诺千金、忠诚可靠、温柔体贴等。毫无疑问，几乎每位受访女性都对此深有体会。有位女士曾在事后发现，男友对自己说过的话没有一句是真的——他的年龄、家庭和以前的工作，全都是假的。他唯一没说谎的是他现在的工作，而他之所以不撒这个谎，是因为他俩是同事。

尽管我们都精于对别人撒谎，却并不擅长辨认他人的谎言。从这一点看，欺骗真成了一个大问题。有调查显示，人们把真话同假话区分开来的几率只有54%，比瞎猜好不了多少。而且在辨别谎言上表现的更糟，成功的几率只有47%。很多时候，连撒谎的人自己都没有意识到自己在撒谎，这使得辨别谎言的可能性几乎为零。

为了做爱，男人撒谎的速度实在太快了，为此，进化心理学家格伦·哥赫告诫女性：如果对男性的意图没有九成以上的把握，最好还是时刻保持怀疑。在决定开始一段感情之前，女性应该更加小心。研究结果显示，一旦恋情开始，女人往往会关闭自身的“怀疑机制”，因而更容易受到感情背叛的伤害。如果想争得主动，你可以训练自己学会识别谎言。我们可以求助保罗·艾克曼，他是研究面部表情的专家。他的学术生涯主要是研究如何通过面部来“读”出欺骗。他发现，我们的面部总是不停地在泄露我们的真实思想。比方说，如果你的老板提的要求很过分，你可能会用微笑和点头来掩盖自己的不满情绪，但是，总会有那么一瞬间（准确说来，是不到0.2秒的时间），你的脸上会表现出另外一种截然不同的态度，不过整个过程的时间极为短暂，不用说老板，甚至你本人都不会觉察到。艾克曼称这种短暂时刻为“微表情”。通过训练，你会逐渐掌握发现这些“泄露瞬间”的技能。

情感欺骗、基因战争、明争暗斗——我们与所谓的“浪漫情结”越来越疏远。虽说进化心理学对人类的婚恋进行了大量深入观察，但其描绘出的图景实在算不上好看。幸运的是，故事还远没有就此完结。

我们大可不必为男女之间的情感欺骗而沮丧。我们需要考虑的恰恰是这种欺骗在人类心智发展过程中所起的作用。古话有云："人孰无过。"其实更准确点说，应该是"人孰无谎"，因为撒谎这一社交技巧正是人之所以为人的核心所在。一项研究结果显示，日常交际中，人们有25%的时间在撒谎，这意味着，即便是最简单的人际交流也饱含欺骗。要举个例子的话，就拿"微笑"来说吧。当今世界顶尖级的面部表情解读专家艾克曼指出，人的微笑毫无缘由。艾克曼发现，人有19种微笑方式，那么，其中有几种是源于人们内心的欢愉呢？1种！没错。我们有19种方式去微笑，但发自真心的却只有1种。

性驱动力

人们的社交技巧听起来有些令人失望（比起"情感欺骗"来，这个说法要冠冕堂皇多了）。但是，对于解析人类大脑如何进化的问题来说，这种技巧却具有十分重要的意义。人脑为什么比较大？"社会性大脑假说"，或者叫"马基雅维利智能理论"① 的观点是：人类的社会群体性是人的大脑变大的一个关键要素。尽管许多灵长类动物，比如黑猩猩，也有比较大的群体，单个群体的成员数从20至50不等，但就社会化程度而言，没有哪种动物能比得上人类，更不用说群体规模了。规模大对社会群体

① 马基雅维利智能理论：进化心理学家将行为者应付其周围社会环境的能力分为两类，一是马基雅维利智能，或称社会智能；二是技术智能，或称对象智能。

是有很多好处的，但也存在一个严重问题，即群体成员间如何协调。随着群体规模的不断扩大，远交近攻、合纵连横之类的活动都需要更多的脑力。研究人员发现，动物群体规模越大，那么该群体动物大脑中新皮质所占比例就越大（新皮质位于大脑外层，负责认知能力的部分）。大多数哺乳动物的新皮质占到了大脑的 30% ~40%；社会化程度高的灵长类，比如黑猩猩，新皮质占 50% ~65%；而人类的新皮质占 80%（人类大脑的体积，比体型相同的哺乳动物大 7 倍）！

社会智力理论认为，人类社会群体的规模在语言的发展过程中起着关键作用。对于其他灵长类动物来说，维系群体内部和谐的“黏合剂”是互相梳理皮毛。这是一种基本的动物行为。一只黑猩猩会给同伴梳理毛发——捋直弄顺或除去虱子。而这样做的目的不仅在于卫生，更重要的是借此重申彼此间的社会联系。灵长类动物学家通过跟踪记录发现，“所属群体规模”与“梳理毛发时间长度”之间呈线性关系。但是，如果人类群体的成员超过 50 人，像梳理毛发这样的活动就太耗费时间了。可以想象，用相互梳毛来维系一个大型群体是个怎样的场景！如果真是这样，那大家什么都不用干了。因此，人类发明了语言来发挥加速“梳理”人际关系的功能，从而使较大群体内部的成员关系得以维系。在社会智力专家看来，语言的发展并不只是用来传递信息（比如哪里能猎到牛羚），而且还用来说别人的闲话。说人闲话非但不是干正事时开小差，反而恰恰就是件正事，其功能就是界定和确立我们自己跟其他群体成员之间的关系。谁会把肉分给别人吃，谁不值得信赖，谁欺骗了谁，这些闲话成为应对不断扩大的社交网络的手段。多项研究显示，现在人类的交谈中多达60%～70%是社交方面的话题（就像说人闲话），要不是有这样的研究结论，说不定你会认为人类的进化已经超越了说闲话的阶段。

当然，正如前文艾克曼所说的18种虚假微笑那样，社会生活、闲言碎语其实是与人际欺骗相伴而生的。要知道，大脑皮质的大小，不仅显示群体的规模，同时也反映该群体人际欺骗和社交技巧的使用频率。主张"社会性大脑假说"者仍在苦苦思索着人类进化的核心问题，即人类大脑的进化是为了促成彼此交流呢，还是为了便于相互操纵？现在你明白这个理论为什么又叫"社会智能理论"了吧。

不过，假如我们采取达尔文"性选择"理论的观点，那么，我们可以进一步缩小大脑进化的驱动力的范围。事实上，我们完全可以把这个驱动力归结到求偶的需求上。换言之，我们大脑之所以长这么大，其中心目的是为了辅助我们理顺这纷乱的恋爱世界。这一理论的代表人物，进化心理学家杰弗里·米勒甚至将人的大脑称为"变化多端的求爱机制"。

之所以将求偶看做人类大脑进化的驱动力是因为如果人的这种性状和人对该性状的偏好这两者都可以被遗传，那就有可能出现性选择失控。在这种情况下，倘使人类面临的最大社会困境是确保配偶关系；倘使确保配偶关系的最重要的性状是智力；倘使智力这一性状又是可以遗传的；那么性选择就会促进智力的不断发展。进一步讲，倘使对智力这一性状的偏好同样可以遗传，那么性选择就会进一步强化智力的发展（结果导致性选择失控）。而且，真正给人类“性选择失控”火上再浇勺油的原因，并不是只有女性对智商有偏好，男性也常常希望伴侣有较高的智商，只是没有女性那样如饥似渴。鉴于男女两方都选择高智商，你现在应该明白“失控”这个词真是用的再恰当不过了。其实，你完全有理由把这个称作人类进化的“唐璜①理论”。

如果用性选择的视角来看问题，你就会发现，性选择触及人类文化的各个方面。杰弗里·米勒认为，人类大多数的文化行为是发自本能的、由性选择派生而来的，而且都不在我们的意识范畴之内。这样说既不是对性冲动的简单化概括，也不是对弗洛伊德学说的抽象升华，而是说性选择获得了自然选择已经选中了的既定性质。为了进一步求证，米勒考察了不同领域的艺术家在什么时间最高产，结果发现，男性艺术家往往在30岁左右达到巅峰。从艺术家成熟、发展的角度来看，这个年纪显然是太年轻了。但是，如果把艺术产出视为吸引异性的一种手段，一切就顺理成章了。此外，米勒还发现，男性艺术家的产量比女艺术家明显高很多。当然，这其中有文化方面的因素，但米勒认为，这里面性的因素不能排除，因为从吸引异性的角度看，男人的压力比女人的大（别忘了，精子廉价，卵子珍贵）。所以，当性选择的逻辑被运用到了极致，那么，它几乎可以解释所有的人类进化现象，从巴赫到摩天大楼，几乎无所不

① 唐璜（Don Juan）：西班牙风流浪子的代表，象征好色之徒，是众多文艺作品的取材对象。

能。最终，人类的智力之所以得到长足发展，多亏有求偶压力的存在。

男人大脑与女人大脑很不同

在进化过程中，尽管男女都具有了极为庞大复杂的新皮质，但其大脑的发展方向并不一致，由此，我们很容易想到，不同的性别在进化过程中面临的挑战也不同。不过，在探究这些差异之前，我想先声明一点：上述说法并非对两性刻板印象的肯定。相反，这些说法都是基于平均水平的。从平均水平看来，男性数学能力强，女性语言能力好。但这并不是说“女人不能成为杰出的数学家”，也不是说“男人不能成为出色的作家”。我们对性别的偏见是根深蒂固的，我们往往看到两性差异的一方面，而没有看到两性对差异的突破这一面。

性别差异不仅仅是文化差异的结果。实际上，这种差异根源于大脑自身的生理结构，是男性胎儿在胚胎发育期释放的睾丸激素的激增所带来的结果。比如说，女性脑部负责语言和听觉的神经元比男性多出11%左右，用于形成情感和记忆的海马状突起要比男性的大（这或许能最终向沮丧的女人们解答“男人为什么都不长记性”）。跟男性比，女性用于洞悉别人情感的大脑中枢更发达。反过来，跟女性比，男性脑部负责动作和进攻的区域往往更大，用于性的部分则要大出2.5倍还多。不过，科学家至今都未能确定男性大脑有多大比例用于运动。总之，由于这些差异的存在，女人总体上更擅长语言，而男人则更擅长计算和读图。

上述这些都是最基本的差异。有一项研究结果显示，男女之间连认路的方式都截然不同。在迷宫里，男人习惯用几何推理来寻找出路，而女人则恰恰相反，她们更习惯于借助路标。如果强迫一方使用对方的方法，那么双方都显得非常不适应。即便是这点差异，也极有可能跟求偶有很大关系，道理很简单：首先你得“物色个对象”。这时，男性善于读图，所以具有更好的空间思维能力；而女性作为稀有卵子的持有者，往往更倾向于“守株待兔”，等着男人送上门，就像《玻璃动物园》[①] 中静候 18 位绅士来访的阿曼达·温菲尔德夫人。这样的情况在动物界中也不乏其例。就拿不起眼的田鼠来说。我们选择田鼠中的两种松田鼠和草甸田鼠来作为案例。松田鼠一般是“一夫一妻制”的，雄鼠和雌鼠的大脑较为相似，被放入迷宫后，跑出来的情况基本相同。草甸田鼠则是“一夫多妻制”的，雄性平时要跑的路程比雌性多得多，因为它要光顾不同的洞穴，去光顾不同的配偶。结果，雄性田鼠的海马状突起比雌性的大，而且更擅长在迷宫中寻找出路。这也许能向我们解释为什么“男人在迷路的时候不愿意求人帮助”。在 GPS 定位时代来临之前，男性认路的能力很可能是检验其基因适应度的方式之一。

---

① 《玻璃动物园》(*The Glass Menagerie*)：剧本，美国剧作家田纳西·威廉斯作于 1944 年，1973 年改编为电影。主要情节是：温菲尔德家有对姐弟，弟弟汤姆是制鞋工人，姐姐劳拉是瘸腿的残疾人，整日收集玩弄玻璃动物玩具，母亲阿曼达·温菲尔德要求汤姆为姐姐物色结婚对象。汤姆带同事吉姆回家吃饭，未曾想劳拉早前就心仪中学同学吉姆，然而吉姆却已有了未婚妻，只得黯然离去。

毫无疑问，在性和大脑的关系方面，男女之间存在着明显的差异。研究者通过扫描发现，男性被试在观看一男一女之间的正常谈话时，大脑的性区域会立刻呈现活跃状态，而女性被试的大脑则没有这一反应。露安·布哲婷在她的《女人的大脑》一书中说道：一想到“性”，男人的脑子里就像开通了一条八车道的高速公路；而女人只有在触及情感领域时，脑子里才会开通这样的公路。其实还不只是“性”的话题。在恋爱时，男人的大脑跟女人的大脑也有不同的反应，恋爱中的男人，大脑的视觉区域最为活跃，而女人的大脑中则有多个不同区域被激活。

这种差异与行为科学的研究结果是一致的，不过，真正让人着迷的是，女性的大脑是如何进化以抵抗男性强烈的性欲的。正是在这方面，女性优于男性的语言天赋和情感认知力派上了用场。我们知道，为了跟女人上床，男人不惜花言巧语，假意许诺，所以，女人必须擅长识破这些谎言与欺骗。多项研究发现，女人比男人更擅长洞悉他人的面部表情和情感上的细微差异。一项研究显示，男性能读出女性伤感表情的时候只有40%，而女性能读出男性伤感表情的几率则达到99%。女人的大脑生来就适合记忆他人情绪上的细节。所以，即便在大脑进化的层面上，男人和女人也打得难解难分，杰弗里·米勒称之为“怀疑与滥情之间永无休止的竞赛”。因而，女人们对辨别力的修炼也毫不怠慢。上一章已经讲过，研究人员发现，女人们常聚在一起，或者详细讨论与男人的邂逅，或者分析男人的性格气质，而男人们却不会谈论这些东西。这也就毫不奇怪了，女人们扎堆收看《欲望都市》[1]，而男人们则喜欢看《明星跟班》[2]。

有一种理论认为，自闭症可能是由于大脑的过度男性化所致。我并不是想低估自闭症的严重性，不过，鉴于男女之间在处理复杂的人际关系方面，比如对他人情感的感知方面，表现出巨大的不同，我认为，很多女人在约会甚至准备长相厮守时，将男人看做有轻微自闭倾向的人，应该是一个比较实际的选择。

性感的身体密码

好了，我们都有硕大的脑部，那么它们对于特定事物的追求是否有章可循呢？“浪漫情结”给出的答案是：不！因为，每个人都独一无二，爱情的多样，就像雪花一样，世界上找不到同样的两片。由此观之，美丑是见仁见智的，爱情是盲目的，等等。但是，对于上述问题，科学给出的答案却是：是！虽然科学还不能解释为什么你在伴侣选择上会偏好喜欢喝凤梨园[3]饮品的人，但是，跟你自己比起来，科学显然更擅长解答你为什么会爱上一个人。

---

① 《欲望城市》（*Sex and the City*）：美国 HBO 电视台制播的电视连续剧。主要讲的是发生在纽约曼哈顿四个单身女人身上的故事，以对男女关系的探讨为主要看点，首播于 1998 年。

② 《明星跟班》（*Entourage*）：美国 HBO 电视台制播的系列喜剧，以男人朋友间的真挚情谊为看点，讲述一个在纽约皇后区长大的好莱坞明日之星的生活、奋斗，以及他与朋友们的故事，首播于 2004 年。

③ 凤梨园（Pina Colada）：极受欢迎的热带饮料，主料有凤梨汁、椰奶和朗姆酒，口感滑腻圆融。

首先，我们要抛弃“爱情主观论”。爱情并不是主观的。有多项研究显示，即便是婴儿都偏爱有吸引力的脸庞，因此，在我们心目中，这些偏好看来已经根深蒂固了——所以，人们一旦接上“电极”，看到美女的花容，都会产生额外的“电荷”。另据调查显示，人们对于“有吸引力的异性”的标准近乎一致。有趣的是，由许多张人脸合成的照片总是比单个人的脸的照片更具有吸引力，而且包含的面孔越多，吸引力越强。原因很简单，包含面孔越多，合成的面孔对称性就越好。我们在谈到女性性高潮时已经知道，我们不经意间都已成为对称性的忠实支持者。了解这其中缘由，就能够从进化论角度准确解释“我们的性欲是如何成型的”。在这个问题上，对称性是人体健康状况的最好代言人。身体匀称不仅能很好地反映当前的健康状况，还能显示过去的健康状况，因为不对称之处往往是胎儿期和童年发育期生病所致。头发也是个很好的“健康指示器”。难怪时下美发产品大行其道，原来是因为长发的柔亮象征了身体的强健。同理，皮肤也是健康的“风向标”。

有理论认为，进化也会带来麻烦，比如说，优秀的基因想要炫耀自身的健与美，就得靠释放生物学家阿莫茨·扎哈维所说的“高代价信号”。想一想达尔文的“物竞天择，适者生存”的观点。动物在选择生存所必备的本领时，比如瞪羚的奔跑能力或熊的爪子，会遵循效率优先的原则。但是，在性选择时，动物向异性发出求爱信号，却不惜铺张浪费，丝毫不计效率。比如，雄孔雀的尾巴很大，这除了耗费很多能量不说，还容易使自己成为捕食者的目标。但同时，它也是在向雌孔雀炫耀自己的健康状况，所以，浪费点能量不在话下。“高代价信号”的形式可以是多种多样的。男人买辆昂贵的跑车，以表示自己有实力、烧得起。跟其他动物一样，人类身上的“高代价信号”不但与生俱来，而且还不自觉地在异性身上找寻这种信号。

再想一下，人们理想中男性的脸庞应该是鼻直口方、棱角分明。这个标准早已根深蒂固，早已成为文化习惯，好莱坞的一线男星几乎无一不是这副面孔。而女性对这种特定脸型的偏好也并非一时兴起。男性在青春期，需要大量的睾丸激素才能长就这副理想面孔，但同时也带来风险：睾丸激素会抑制免疫系统，使之更容易生病。所以说，长就这副脸型本身就是一种显示基因适合度的“高代价信号”。只有适和度极好的人，才既有资本长成这副脸庞，同时又能保证不生病。

女性也有自己的身体信号。比如说，男人偏爱双唇丰满的女人其实是有道理的，因为长得像安吉丽娜·茱莉[①]那样的女人，其基因也格外健康。尽管性感丰唇不是一种“高代价信号”，但是，想长出丰满的双唇却要求女人具有女性特质——至少是在性激素分泌方面。处于青春期的女性，雌性激素分泌量剧增，而睾丸激素分泌量很低，这使得她们的脸精致小巧，更具有女性的柔媚。此外，男性青睐金发女子也有充分的进化论依据。金发是随年龄增长而剧烈变化的身体特征之一。男人喜欢金发女子往往都是无意识的，并不知道金发是身体信号，反

① 安吉丽娜·茱莉（Angelina Jolie）：美国著名女演员，以双唇丰满和形象性感著称，代表作有《古墓丽影》系列动作电影。

映健康和生育能力强。有一种理论认为，金发之所以最初产生于北欧，是因为北欧天寒，人们要裹上厚厚的衣服，女人必须想办法来显示青春貌美，吸引别人的目光。于是，就有了金发。

最能体现女性基因适合度的信号之一是“腰臀比”（腰围和臀围的比值）。这个奇怪的比率，大多数人可能听都没听过，更不用说去想了。没错——不是胸围或其他美的显性标志，而是腰臀比，就是这个比率极大地影响着男人对女人性感程度的判断（女人对男人的判断指标是：“腰肩比”）。研究发现，腰与臀围的最佳比率是0.7，通俗点说，就是沙漏形身材。有一项实验，观察《花花公子》杂志插页图片里的性感女郎，以及过去几十年里的选美比赛优胜者。尽管在这一时期里，女性普遍更瘦了，但腰臀围的比率一直稳定在0.7左右。女性都担心自己长胖，但实验结果显示，长胖不是问题，关键是胖在哪里。举个例子，研究发现，较之体重较轻、腰臀围比率较高的女性，体重较重、腰臀围比率较低的女性更受男性的青睐。同样，对于男性的这一偏好也有很好的解释，腰臀围比率不仅是女性健康的标志，同时还是生育能力的指示物。一项对波兰女性的研究显示，腰臀围比率较低的女性，根据生殖激素测量，其生育能力也较强。此外，科学家还发现了低腰臀围比率的另一个好处。女人的臀部脂肪和大腿脂肪特别优良，因为这里的脂肪含有欧米伽-3脂肪酸的浓度要高得多（这对脑部发育很有利）。最近一项研究显示，跟身体曲线较差的母亲比，低腰臀比的母亲所生育的孩子有更强的认知能力，而且，腰围和臀围之间的差距越大，孩子的认知力也越强。

由于人们对性感的固有偏好，天生丽质的人，除了择偶之外，往往享有社会另赐的一切便利。研究发现，性感所产生的力量能够带来个人空间。研究人员让一名漂亮女子站到一个繁忙街角，结果发现，周围的人给她留出的空间要比给不漂亮的女人多。而且，一个人如果从小就长得好看，那就会产生先天的自信。有一项研究，要求被试者等待一名正在进行电话交谈的精神科专家。实验的目的是测量被试会等待多久才忍不住上前打断。结果显示，长得好看的人平均等待了 3 分 20 秒，而长得不好看的人则等待了 9 分钟。接着，情况突然发生了转折，两组被试对各自的自信心打分，结果，得分竟然一样！这说明，这些倾向是根深蒂固的，而且，不论是对个人还是对社会，都是彰而不显，不易觉察的。真想不到，原来我们对某人性格的很多看法，其实大部分是“性感”在作怪。女性的性感甚至能让男人干出蠢事。唉，好吧，这么说是有点儿不中听，不过有一项研究发现，如果向男人展示漂亮女人的照片，他们更有可能不再考虑行动的长远后果。而且，他们一旦被唤起“性”趣，那可要小心了。另一项研究结果显示，男性一旦处于被唤起的状态，就有可能对任何建议都积极响应——不管是怪异的想法（你会认为女人的鞋很色情吗?）还是直接的行动（你会给女人下春药，让她主动陪你上床吗?）。

性感还会影响孩子的性别。性感的父母怀上女儿的几率会更大（56%，而一般的父母是48%）。进化心理学家认为，怀女儿几率的增大是出于进化的需要，也就是让后代最大可能继承相貌优势，因为长得漂亮对女人来说，其重要性远远超过男人。

不过，专家们还不清楚，促使性感父母多生女儿的生物学机理到底是什么。

老夫配少妻，反过来可不行

到目前为止，我们尚未涉及人的性格特征，不过，已经有很多证据表明，进化也塑造人的性格特征。幽默、善良、执著——这些性格都有助于吸引伴侣，而且这些性格的形成少不了性选择的功劳。人类进化要完成的首要任务（除了求生存）是吸引伴侣、繁衍后代。由此观之，人性的任何一面都无法同性选择的进程剥离开来。因此，不仅智力是进化的产物，而且，几乎所有的性格特征都是进化的结晶。我们的问题是，男女在寻找伴侣时，看重对方的哪些特质？这个话题将在本书第五章中详细论述。不过，这里可以暂且做一个简单回答。

从本质上讲，说到底，男人看的是年轻和美貌，女人看的是财富和地位。一项对征婚广告的研究发现，女性在征婚广告中提到财产的次数比男性高出 11 倍，而男人提到相貌的次数则比女人多出 3 倍。想知道男女在这方面的差距有多明显，不妨想一想妙龄女郎挽着花甲老头儿的情景。1993 年《花花公子》杂志评出的“年度最佳玩伴”安娜·妮科尔·史密斯（Anna Nicole Smith），她在 26 岁时嫁给了身家几十亿美元的 89 岁的石油大亨 J. 霍华德·马歇尔（J. Howard Marshall）。这种“老夫少妻”的例子不难找吧？好吧。请再想想看，你是否遇到过相反的情况，青春帅气的小伙子与年迈有钱的老太太在一起。恐怕这样的例子找起来就不那么容易了。

其实这也没什么好奇怪的。多项研究显示，美女嫁给富豪的情况要比帅哥嫁给富婆的情况多。老夫配少妻成为常态，只不过是“男人渴望年轻女人”和“女人渴望有钱男人”这一逻辑的极端情况罢了，但少夫配老妻则不合这一逻辑。对于这一现象，我们从文化上无法找到答案，但是，如果从进化的角度看，问题就显得没那么复杂了。

研究显示，女人的外表对男人来说极为重要。较之其他品性，妻子的性感程度能更好地体现丈夫的事业地位。性感的重要性超过智慧、社会经济地位或者受教育程度。另有一项研究显示，青春期女生越是性感，那么她结婚的可能性就越大（而青春期女生越是性活跃，她结婚的可能性就越小）。这并不等于说美国人浅薄。大卫·巴斯对世界上的37种文化进行了研究，他发现，上述倾向在每一种文化里都存在。事实上，与西方文化相比，其他文化往往更看重女性的美貌，原因很简单，在卫生情况较差的环境里，美貌能很好地体现身体的健康。

不过，对于男人的这点秉性，女性朋友们也不必嗤之以鼻，因为，男性偏爱妙龄，很可能是“一夫一妻制”惹的祸。娶老婆就是找终身伴侣，这无疑增加了男人的择偶压力，因为，女人年轻可以使生育能力持续许多年。生物学家发现，在动物界里，乱性更为普遍的种群，雄性选择雌性并不偏爱年轻。此外，女性对男性也有偏好，比如说身高。女人对男人身高的追求近乎狂热。女人这样做似乎太注重外表了吧。可是，如果从进化的角度来看，身高确实能很好地反映人的健康状况。实际上，人口统计学家把身高看做一项衡量国民健康和富裕程度的指标。不幸的是，美国在这方面的消息不容乐观。曾几何时，美国国民的身高水平和健康水平位居世界之首，如今却落在工业化国家之末。世界各国每十年国民人均身高增长约2.5厘米（医疗条件改善，财富分配日趋公平），而美国人从20世纪70年代开始就停滞不前了，结果，北欧国家国民平均身高比美国人高出近7.5厘米。

上述结论并不是说男人和女人没有共同的偏好。比如，男人女人都很重视伴侣的可靠性和稳定性。不过，有一个普遍现象却不为常人所察觉，唤起男人和女人的冲动是截然不同的。

上述讨论给我们上了很好的一课。男人爱少女，女人爱钱财，彼此双方抱怨不休，此事自古有之，实属常理。进化的天道将欲望根植人心，凡夫俗子无力抗拒。其实道理很简单，作为人的基本驱动力是难以改变的，因为，哪怕是一点点儿变化，也要在世世代代的繁衍进化中缓慢发生。所以，不管你对男人和女人寄予多么美好的愿望，在达尔文主义的世界里，如果你想择偶成功，还是顺其自然的好。

浅论“一夫一妻制”

在深入讨论之前，我们不妨先探究一下当今社会男女关系的最基本问题“一夫一妻制”。这个制度在人类社会的适用性如何呢？

花心的男人

你不必阅读本章的第一部分也会发现，男女之间的相互欺骗简直是家常便饭，所以，你会纳闷，夫妻间的关系又是怎样得以维系的呢？其实，不管是动物种群还是人类社会，一夫一妻制是一种高度反常态的做法。在动物种群中，有90%实行的是一夫多妻制，而在哺乳动物中，这一比例则更为显著，有97%是多配偶制。在人类历史上，一夫一妻制也是绝对少见的。人类学家对有可考数据的社会进行了调查，结果显示，在被调查的1154个社会中，有980个社会允许男性拥有一位以上的妻子，这就是说，一夫多妻制占社会总数的85%！当然，这些统计数字掩盖了一个事实：即便在一夫多妻制的社会里，一夫一妻制还是常态。妻室多则费用高，通常只有5%~10%的男性能承受多配偶带来的经济负担，所以，现在（过去也是）大多数男性，无论情愿与否，都只能拥有一个配偶。此外，“多配偶制”也并不单指男人能讨好几个老婆（英语为polygyny，意为“一夫多妻制”）。人类社会中还存在一个女人可以配好几个丈夫的情况（英语为polyandry，意为“一妻多夫制”），这种特殊情况往往出现在极端困难的环境里，比如，需要有好几个男人（通常是亲兄弟几个）一起参加劳动才能养活一个孩子。尼泊尔的一些社群里就存在这种情况。

不过，我们不用人类学的证据也能发现，人类偏好一夫多妻制。一夫多妻制的历史已经埋进人们的骨髓。如果想深入了解这种偏好的程度，那还得求助于另一个领域，即生物学。某一物种推行一夫多妻制的程度有一个很好的表征：雄性和雌性体形上的差距。一夫多妻越普遍，那么，为了获得配偶，雄性参与的争斗就越多。在争夺领导权的战斗中，体格往往是决定性因素，块头大的最终能独揽大权。这样，体格的优势就会遗传给后代，于是，雄性的体型随着时间推移就越来越大（用生物学的观点说，不应该以男性为标准而认为女性身体小，应该以女性的身体为标准认为男性的身体大）。实行一夫一妻制的物种，雄性和雌性的体型一般相差无几。长臂猿推行的是一夫一妻制，雄性和雌性体型相当。在大猩猩的世界里，身强力壮的雄性有 3 ~6 名配偶，其体型是雌性的两倍。而对于南方象海豹来说，这一现象就更为极端了，每只公兽平均拥有 48 只母兽，其体型跟母兽比简直是就是巨兽：公兽重达 3 吨，母兽只有 700 磅。

那么人类呢？男性身高平均比女性高 10%，体重平均比女性重 20%，这意味着人类实行一夫多妻制的程度不温不火。如果套用生物学的一个公式，我们可以测算出，男性就其体型而言，可以拥有两至三名妻子。尽管如此，我们也有令人欣喜的消息，那就是人类正越来越向单配偶制的方向迈进。几万年前，男人的体型是女人的 1.5 倍大，所以目前这个“20%”的差值就表明男女体型差距明显缩小。如果再过上几万年，男女可能会体型相当，共同生活在一夫一妻制的极乐世界里。当然，到了将来，这个计算标准可能不会像过去那么奏效。现如今的男人用不着为了女人游走、动武，男人间的竞争往往是精神层面上的交锋，而非肉体上的过招，这可能也是男女之间体型差距越来越小的原因。

不忠贞的女人

女人经常抱怨说男人对一夫一妻的承诺全是鬼话，可是，女人也应该心里明白，自己也更想门户开放。对于这一倾向，最重要的测量标准就是睾丸的大小，因为睾丸的大小和精子的产量与雌性的乱性程度紧密相关。原因非常简单，就是精子竞争。如果雌性个体在排卵期与多个伴侣交媾，那么，雄性产生的精子越多，成为父亲的几率就越高。黑猩猩所生活的种群规模较大，群体内乱性的情况非常普遍，结果，雄性黑猩猩根本无法确定哪个小崽子是自己的。因此，黑猩猩的睾丸很大就不足为奇了。大猩猩生活的环境与黑猩猩的差别很大。一个雄性大猩猩只要自身地位不受到挑战，那么它的配偶就绝对属于私有。结果，大猩猩的睾丸就非常小。如果将这两种动物放在一起比较，你会发现差别大得惊人：黑猩猩的体型只有大猩猩的四分之一，可睾丸却比大猩猩大四倍。如果考虑体重的因素，这一差异就更为显著了。生物学家发现，鸟类睾丸的体积跟交配系统之间也存在类似的关系，睾丸最大的鸟类基本上都是“一妻多夫制”。

那么，人类在这方面处于什么位置呢？应该是居中附近吧，尽管与睾丸偏大的黑猩猩一方比较接近。男性睾丸的平均重量在2.5盎司（约70.9克）左右，体积与大猩猩的相当。但是大猩猩的平均体重大约是200公斤，而人的平均体重只有80公斤。那么，黑猩猩呢？黑猩猩的平均体重只有45公斤，可睾丸的大小几乎是人类的两倍。如果以体型为基础，粗略估计一下，那么大多数大猩猩的睾丸只占体重的0.02%；男人的睾丸占体重的0.8%；黑猩猩的睾丸竟然占体重的3%。虽说在这一方面，人类远远落后于自己的表亲黑猩猩，但是人类睾丸的大小也清晰地表明，在人类历史中，女性的确曾经同时拥有多个性伴侣，而且精子竞争也是司空见惯的事儿。当然，“睾丸之王”不是史蒂芬·科尔伯特①，而是露脊鲸②。露脊鲸的雌鲸与多只雄鲸交配，结果，雄鲸进化出了巨大的睾丸。这里所说的可是真正的大睾丸：每只大约有四分之一吨重！

不过，我们还有一些发现可以证明，人类越来越倾向于一夫一妻制了。从睾丸的体积来看，如果跟其他哺乳动物相比，男人产生精子的数量已经算是垫底的了，这意味着人类祖先的睾丸所能产生的精子数量要比现在的人多得多。这说明，人类性竞争在逐渐减弱，伴侣关系在不断加强。还有，男性体内贮存的精子量也比其他动物要少，而且其中的25%存在缺陷。相比之下，雄性黑猩猩的缺陷率只有5%。在射精的频率方面，人类徒有98磅的体重，在动物王国里只能排到下游水平。一只雄黑猩猩可以在5小时内射5次精，而这只用了睾丸内不到一半

---

① 史蒂芬·科尔波特（Stephen Colbert）：美国自由派搞笑节目主持人，以身材性感标致著称，拥有喜剧脱口秀节目《科尔伯特报告》。

② 露脊鲸（right whale）的头部硕大、嘴边长有鲸须而无背鳍，由于滥捕而濒临绝灭。

的精液。未阉割的壮年公羊一天可以射精30至40次，每次射精量是男人一次射精量的8倍还要多（男人每次都要小睡一会儿才能开始第二个回合，更别提40回合了）。

不过，还要补充一句，尽管男人们在这方面只有甘拜下风的份儿，但也不是一无是处，男人的阴茎绝对敌得过其他灵长类动物。男人阴茎勃起后的平均长度接近15厘米，周长接近12厘米（多数关于阴茎尺寸的研究都有夸大之嫌，因为选取的数据都来自被试的自我报告）。相比之下，黑猩猩勃起的阴茎只有7.5厘米，树栖猩猩的阴茎则小得可怜，只有3.8厘米；而力大无比的大猩猩，勃起后的阴茎却只有区区3厘米（放眼灵长类之外的世界，你会发现，渺小的鼻涕虫简直可以算是世界的生殖器冠军——起码从体型的比例来说——其阴茎长度是其身体长度的好几倍！）。生物学家至今仍在论证，男人的阴茎缘何这么长？可以肯定的是，答案和生殖没有关系，其真正的用途在于“对敌示威”。换而言之，阴茎过去起到的作用应该和雄鹿的鹿角差不多——展示雄性的阳刚之气（至少在人类普及穿裤子之前是这样的）。

我们还是言归正传。既然人类身体里有太多的迹象偏向一夫多妻制，那么，为什么人类社会还是选择了一夫一妻制呢？答案和上一章讨论的结果一样：为了养育下一代。在食物短缺、猛兽出没的恶劣环境里，一夫一妻制是更为普遍的。一夫一妻制强化夫妻联系，有助于确保孩子的血缘归属，从而提高男人做父亲的积极性，使之更愿意承担起养家糊口的重担。

一夫一妻制的得失

一夫一妻制下，到底谁是赢家谁是输家呢？读到这里，大多数女性读者肯定会想，舍弃一夫多妻制、拥护一夫一妻制真是件大好事！而相当一部分男性读者则会纷纷怀念起男人尽己所能、“妻妾成群”的大好时光。不过，极具讽刺意味的是，一夫一妻制对大多数男人有利，对大多数女人却有害。有位经济学家甚至将这个反对多配偶的法则称作“妨害女性议价权的男性卡特尔[①]联盟”。相反，多配偶制对大多数女人来说倒是件好事儿，对大多数男人反而是件坏事儿。我知道，大多数女人都不可能把嫁给男人做“二房”当做值得炫耀的恋爱战果。我这里所说的“好事儿”，是指可以吸引的配偶的社会地位。在一夫多妻制的体制之下，社会地位低的男性境遇最为糟糕，他们必须为保住自己的配偶而拼尽全力。多配偶制社会里常见的一个问题就是地位低的男人之间的杀人竞赛（这也许可以解释，为何有那么多处于社会底层的穆斯林青年男子愿意成为人体炸弹。因为他们得到的承诺中，就包括来生可以拥有 72 名处女，过妻妾成群的生活）。流传已久的神话也印证了争夺配偶的残酷竞争。荷马的《伊利亚特》中那场气势恢宏的对战，不也是源于对一名单身女性的争夺吗！

---

① 卡特尔（cartel）：为协调生产、价格和商品市场而组成的独立的商业组织联合体，是垄断资本主义经济的三种垄断组织之一。

但是，对于女人来说，一夫多妻制使得她们在配偶的选择上有了更多的机会。一位长相一般的女人既可以凑合着和一个地位一般的丈夫过日子，也可以选择给一位地位较高的男人当二房。女人们可能会对此不屑一顾，但如果要在“给布拉德·皮特①当二房”和“给荷马·辛普森②当正室”之间做出选择，我想大家都知道她们会选谁。

然而，在一夫一妻制的社会里，女人之间的竞争大大增加，而男人之间的竞争却明显减少了。而且，如果人口状况发生微妙变化，如果女人比男人多，那么，女人之间的竞争就会同动物一样野蛮激烈。我这里并不是要怂恿女性去呼吁废止重婚罪法律条款，我只是想说，这样的分析有助于我们理解，一夫一妻制的法则和价值观念是如何消除为保住配偶而进行的恶性竞争的。

人们对一夫一妻的信念时有动摇，这并不奇怪。可能你已经注意到了，国家的主要公共机构——小到各地的教堂、大到各个州政府——都被用来强化婚姻关系。即便如此，人们仍然可以想出各种办法僭越常规。如今，很多人采取了一种连续性的单配偶婚姻，即恋爱甚至结婚几年之后，转而投向另一位伴侣。实际上，这就是一个“慢动作版”的多配偶制婚姻生活。比如一些家资殷实、事业有成的男士，他们不断地离婚，不断

---

① 布拉德·皮特（Brad Pitt）：好莱坞著名男影星，以帅气、阳刚的形象示人。

② 荷马·辛普森（Homer Simpson）：美国著名卡通片《辛普森一家》中爸爸一角，平日不太注意个人形象。

迎娶更年轻的妻子。此外，人们还有其他的空子可钻，比如说偷情。

所以，我们必须认识到，人类真正实现一夫一妻制是困难重重的。正如《一夫一妻制起源之谜》所述，一夫一妻制并非自然法则的规定，而是男女之间永无休止的战争带来的一种脆弱妥协。就连玛格丽特·米德[①]这样的权威人士也认为，一夫一妻制是“人类最难维系的婚姻模式”。

---

① 玛格丽特·米德（Margaret Mead）：美国人类学家。

第三章

爱情贱客

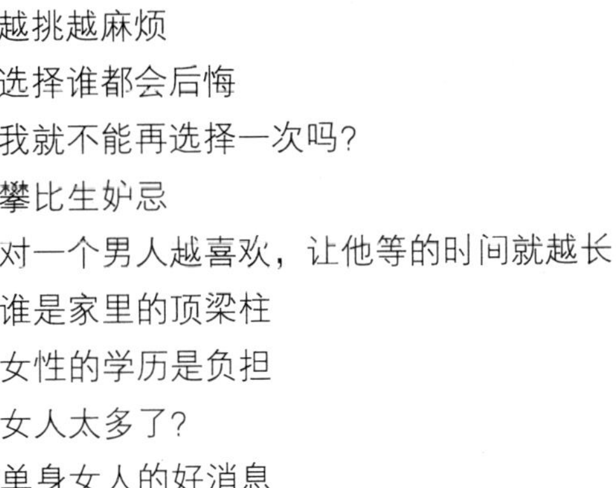

越挑越麻烦

选择谁都会后悔

我就不能再选择一次吗?

攀比生妒忌

对一个男人越喜欢，让他等的时间就越长

谁是家里的顶梁柱

女性的学历是负担

女人太多了?

单身女人的好消息

进化的冲动、内隐的排卵、硕大的睾丸以及欺骗的笑容，这些并不是对人性的完整概括。博大精深的文化才是塑造人性的真正熔炉。令人欣慰的是，文明发展的速度远胜于基因发展的进程，因此，文化从多方面发生变化，很可能会使婚恋关系变得更为简单化。与其他物种不同，在整个历史演进过程中，人类的择偶方式千差万别，彰显出文化在社会生活中重要而多样的作用。就目前而言，文化很难成全人们心中“从此幸福地生活在一起”的童话梦，但对于婚恋关系缘何成为令无数人挠头的问题，文化的解释却更能让人心服口服。

在此需要提前声明一点，本章在内容上有些繁杂，从消费主义到人口统计无所不包。然而我也只能说，文化本身就有点儿像大杂烩，想要条分缕析地探讨问题，那是自找苦吃。

越挑越麻烦

消费主义是文化的一个方面，而消费主义最突出的特征是无处不在却又隐遁无形。人们把大把的时间花在逛街、购物，以及对琳琅满目的商品的幻想上，却没有注意到消费主义文化已经在很大程度上主宰了自己的生活。因此，我们也该关注一下这个被遗忘的角落了。消费主义给人带来了苦恼，而且我发现，消费者心态正像瘟疫一样日益侵入到恋爱关系中。我们可以称这种情境为“消费者困境”，即永无止境地追求下一个品质略胜一筹的商品（或伴侣）。其实，用不着拿爱情这么复杂的事物来当例证，简简单单的几罐果酱就足以说明问题。

的确，没有什么事情比选一罐果酱更简单了。我们早就知道自己是喜欢木莓味还是草莓味，喜欢有籽儿的还是无籽儿的。寻觅伴侣时所遇到的棘手问题在这里通通不存在。但是，如果面对太多的可选对象，像买果酱这样简单的事都会变成无法想象的难题。也许你会想，果酱种类太多啦。真可笑！我怎么可能会嫌果酱种类多呢？种类再多也不为过，所有超市大概秉持的就是这一理念。到超市随便看一眼——从果酱到麦片，从脆饼干到苹果汁，再到密封袋，几乎无所不包。不过，过多的选择有时并不是一件好事，反倒可能是件坏事。我们不妨先研究一下果酱种类过多的难题。希望这有助于我们理解恋爱困境的问题，尽管这听起来有些不着边际。

为了研究人们在面临众多选择时的反应，研究人员在一家食品店放了一张试验桌，上面摆着质量上乘的果酱，并规定所有顾客，只要品尝一种果酱，就可获赠一张每罐减价 1 美元的优惠券。免费品尝还能获得 1 美元优惠，何乐而不为呢？但聪明的研究者们却设置了一个变量，即桌上可供选择的果酱种类。第一天，试验桌上共有 6 种果酱供人品尝，第二天这个数字变成了 24，有 24 种果酱可供选购。也许你会觉得，24 种果酱样品种赋予人们更多的选择机会，因而必然会吸引更多的人购买，但事实并非如此。不管是6种样品还是24种样品，人们实际品尝的种类相差无几。当研究人员分别统计两日内购买果酱的顾客数量时，匪夷所思的结果出现了。当仅有6种样品可供品尝时，约有30%的顾客最终购买了果酱；当桌上摆放的样品为24种时，只有3%的顾客最终购买。也可以说，单从理论上来讲，一旦面临过多的选择，顾客就会合上钱包，不再掏钱。他们无法跨越消费社会中最低级的栏杆——购物！你也许会认为，果酱实验存在某些复杂因素，比如说，可能是果胶的某些微妙作用，影响了品尝者的购买欲望。为此，研究者又在实验室的控制条件下，选择巧克力做实验品，而实验结果与果酱实验结果几乎一致。

这究竟是什么原因呢？研究者给出了各种各样的解释。我们不妨先笼统地分析一下。尽管整个社会经济体系都秉持“选择越多越好”的理念，但上述实验却表明，有时选择越多结果反而越糟。人们获得了更多的机会，反而更难做出选择。就像巴里·施瓦茨在其名作《选择的悖论》中所述：“从这点上看，多样化的选择不再赋予人们自由，反而限制甚至压制了人们的选择权。”

其实，用不着这么多的选择，只要3种，而其中的两种非常相似，那就足以给人造成困扰。如果我提供1.5美元现金或是价值2美元的一支笔，请你填写一份问卷，你会选择哪一种？研究人员向学生们提供上述两种选择，75%的参与者选择了2美元的笔。接着，研究人员再次试验，不过这一次，选择变成了3种：1.5美元现金，一支价值2美元的好笔和2支价值总和为2美元的笔。如果参考第一次试验的结果，任何理性分析都会认为，至少还有75%的学生会选择2美元的好笔或者两支价值总和为2美元的笔。鉴于有些学生可能不太喜欢那支好笔，反而偏爱2支便宜的笔，我们甚至还会猜测，75%这个数字还有可能会增加。可结果并非如此。大多数学生不再坚持选择笔，反而钟情于1.5美元现金。问题的关键在于，到底是什么原因造成了这种选择的结果。研究人员认为，对大多数学生而言，与其在两种笔之间苦费心机，不如干脆省了那份麻烦，直接选择现金。

也许选择一支笔不足以说明人的决策行为的普遍性。但你可能不知道，受过多年培训的专家在做抉择时也会和学生们一样茫然失措。确实如此。一组医生，在面对3种不同的治疗方案而其中两种大体相似时，同样经受难以取舍的折磨，最终也以同样“非理性”的方式改变了最初的决定。

那么，上述研究跟爱情有什么关系呢？如果你执迷于“浪漫情结”，那这一切都是无稽之谈；但如果你想以科学的视角来观察爱情，那这些就都和爱情息息相关。打个比方，如果目前你正想从三个男生中选择一个做情郎，而其中两个是相似的——比如都在律师事务所工作，周末都喜欢打几杆高尔夫；而第三个是位音乐家，工作时间不固定，还承诺为你写一首情歌。最终你选择了这位音乐家。如果你有“浪漫情结”，那么你的选择即是你直觉的体现，你认定这位音乐家将是理想的伴侣；但如果你相信科学，那么，你之所以选择音乐家，可能仅仅是为了避免在两个相似的选择对象间做出取舍而已。

我的许多访谈证实了我的观点。当徘徊于数个追求者之间，不得不择一为伴时，大多数受访者往往会陷入选择困境。一位受访者道出了大家共同的心声："一个十全十美的都没有，我只能尽力比较他们各自的短长。"他们不仅难以作出选择，就连选择的标准也不知去向了。有些人直接承认，反正自己下不了手，不如姜太公钓鱼：无意走人，愿者上钩。

之所以说选择不仅是一个消费问题，而且日益成为一个爱情问题，是因为即使是在寻觅伴侣这一问题上，我们也日益寄希望于"以数量求质量"。单看一下爆炸式的网络婚恋，你就能明白，具有无限选择的消费模式在多大程度上影响了我们的婚恋方式。只需填写几项个性特征，再勾画几个硬性标准，成百上千个选择对象瞬间就呈现到你面前。佩尤研究中心近期针对网络婚恋的一项调查显示，人们认为网络婚恋大有裨益，因为这种方式能够提供更多的选择机会，进而有利于找到条件更为优越的伴侣。但其他的相关调查结果却显示，在选择伴侣时，过多的机会使人们面临如同消费者研究所揭示的那种尴尬。另一项针对网络婚恋的调查显示，人们最终选择的相亲对象不到候选者总数的1%。一位女士承认，为了缩小选择范围，她不得不荒唐地严把体貌特征关。另一位受访者也表示，她花费了大量的时间阅读应者资料，"有10000页简历，让你觉得想不挑剔都不行。"一位受访的男士将自己的网络婚恋强迫症称为"复合条件的诅咒"。有一段时间，他根据自己喜欢的女性特质，勾勒出一个理想女性的轮廓，结果，这一轮廓却化身成一个不可复制的标准，最终，他决定退避三舍，以守护内心仅存的一点"执子之手、与子偕老"的意志。

另外，别忘了网络婚恋中不得不防的欺诈陷阱。如果说谎言是日常约会的通病，那么，对于网络婚恋而言，谎言简直像瘟疫一般流行。据多项研究估算，网络婚恋者中，大约有 1/5 至 1/3 的人已有家室，但这仅仅是冰山一角。在坊间流传的，还有许多故事，诸如张贴 20 年前的照片，或者真人比自我介绍的重 18 公斤；华尔街银行家只是华尔街上冲咖啡的师傅等等，不胜枚举。一位使用雅虎个人广告的女士，就曾经历过无数次类似的荒唐事儿，于是她干脆把这个网站叫做“神经病雅虎”，还给网站上的男人们起了各式各样的绰号。网络欺诈泛滥成灾，结果，许多婚恋网站竟打着“杜绝欺诈与不良信息”的旗号揽客。婚恋网站 True. com 甚至要审查会员的犯罪记录——但据我所知，把自己说得比实际更年轻些、好看些或者更有成就些并不算违法，顶多在约会时不得不吞吞吐吐、语焉不详而已。

选择谁都会后悔

得一瓢之水，但饮便是，弱水三千反而无从选择，即使选了，也常后悔。我们先来看看大多数人作出正确选择有多么困难。面临一系列的选择对象，我们会像任何一个训练有素的消费者一样行事——我们会货比三家（对于网络婚恋而言，此举更是必不可少）。但不幸的是，我们常常被这些比较所误导。有一项实验，研究人员询问志愿者们是否喜欢吃薯条，第一组志愿者面前摆着一袋薯条和一根巧克力棒；第二组的面前是一罐沙丁鱼和一袋薯条。熟知人性特征的你，肯定已经猜到接下来发生了什么。与面前摆放巧克力棒的志愿者相比，面对沙丁鱼的志愿者表示更喜欢吃薯条。尽管没必要作出选择，可他们还是情不自禁地将二者进行了比较。当然，当两组志愿者真正品尝薯条之后，这种比较就无关紧要了，这时，两组志愿者喜爱薯条的比例并无差异，但试验之初的比照却把他们引入歧途。

问题的关键在于，当我们需要对不同事物进行区分时，我们往往会抓住一些与我们的满意程度无关的特征不放，而有时这些特征甚至根本不存在。在另一项研究中，购物者面前摆放了四双一模一样的连裤袜，研究人员请他们挑选出质量最好的一双。人们不费吹灰之力就从中挑选了一双（几乎没有一个人看出这四双其实是一模一样的）。那么，影响他们决定的最重要因素是什么呢？是这些连裤袜的摆放位置——大约有 40% 的参与者挑选了摆在右手边最靠边儿的那双。

可选性过多的弊端并不只表现在作出决定的那一刻。由于选择对象多，结果，无论选择了哪一个，我们都会感到不满。是的，千真万确！即使事实证明当初的选择就是最佳选择，我们仍然感到不开心。这是为什么？因为在对不同事物进行比照的过程中，你需要作出取舍。不能两头好处都拿，既有选择则必有放弃，于是恨从中来。最具讽刺意味的是，调查显示，正是那些为了作出正确选择而付出最艰苦努力的人——市场上那些真正不知疲倦的讨价还价者——最终却成了对自己的选择最不满意的人，哪怕他们的选择是非常正确的。

考虑到这些问题后，你也许会重新审视过去的恋爱史，因为当你从无数对象中选出一个来做“唯一”伴侣时，你会产生同样的困惑。试问我们中间有哪一个，在恋爱时不曾有过像购物后悔症那样的感觉呢？无论当时我们多么兴奋，在未来的某一天，我们对挚爱的感觉总会逝去。但可笑的是，这一过程总会一次又一次地出现，而且，正像关于消费行为、生活变动等问题的研究所显示的那样，我们似乎习惯了忘却，于是，就像动画里查理·布朗那样，不断失望又不断希望。

我就不能再选择一次吗？

当然，在今天，我们完全可以解除错误的恋爱关系，而且你也认为这是件好事儿。然而，可以撤销承诺的这种自由反而有害无利，因为，撤销了承诺，就等于降低了对选择的满意度。这一点，你只需看一看在摄影室中对大学生进行的一次试验就能明白。试验中，大学生们可以选择两张自认为最满意的照片进行复印，然后，老师告诉他们，可以选择其中一张自己保留，而另外一张将作为证件照被保存到档案中。接着，老师又做了两项不同的规定：一组学生只有一次选择机会，无论选择了哪两张，之后都不能改变主意；而另一组却不然，可以改变主意，可以随意更换照片。在其后的调查中发现，与第一组学生相比，可以更换照片的学生对所选照片的满意度较低。另有一项类似的实验是允许学生们重新选择海报，而研究结果也与前者类似，改变决定者反而不如其他人更喜欢自己的选择。为什么会有这样矛盾的结果呢？研究人员认为，人的大脑中存在一种固有的抵触系统，这种系统使我们更青睐那些无法改变的决定。尽管人们认为自己会更喜欢可以改变主意的感觉，但试验结果却表明，人们在无法改变主意时反而会对自己的选择更满意。也就是说，如果对爱情的承诺更长久一些、更牢固一些，那么，我们的幸福感会更多一些。

你认为这与恋爱关系毫无瓜葛吗？我们看一看时下流行的自由恋爱关系：同居。研究发现，同居的人结为终身伴侣的几率很低。但问题还不止于此。同居的情侣即便最终结合了，离婚的几率也很大。这可能是因为同居降低了彼此对婚姻生活的向往。其实，选择同居者，大半是很认真地当做试婚的。对此，你会不会感到很惊讶？如果再把消费者研究拿来做一比照，结论可能会更让你震惊：婚恋选择的自由意志（不再以教堂内的圣坛为终结）正在给我们的社会关系带来伤害。我不是说人们应当维持不幸的婚姻，而是说，人们可以轻轻松松地解除婚姻，这才是不幸之源。因此，离婚率不断攀升也就不足为奇，因为所谓的婚姻（至少作为一个概念）已逐渐褪掉其所有的实际意义，直至对伴侣的选择变得只剩一个标准——个人的满足，而这个标准也恰恰是支配着消费者选择的标准，于是，我们将择偶与日常消费等同看待，总是这山望着那山高，期待更好的下一个走进自己的生活。

想象一下，如果我们进入了一个具有完全不同规则的婚恋世界，在这里，人们没有自由，没有开始或结束一段婚恋关系的权力，比如，某个至今仍在实行包办婚姻的文化系统。研究人员的发现让怀有“浪漫情结”的西方人大为吃惊！由两位印度研究者进行的一项研究显示，在包办婚姻中，男女双方的相爱程度随着时间的推移会日益加深，直至超越自由恋爱中的爱情。这个结论你可能难以接受，但是，就择偶而言，有限选择者的确比自由选择者更幸福。的确，通过自由恋爱而结为夫妻有不少好处，比如，双方了解彼此的性格、品位以及是否性感等。然而，从长远来看，包办婚姻却更稳固、更和睦。为什么？我认为，问题就出在不满情绪上，而这种不满情绪恰恰是以多样选择为基础的消费社会所带来的副产品。包办婚姻文化也反对离婚，所以，已婚夫妇心里明白，必须尽量凑合着过下去。因为，夫妻不和是一辈子的不幸，而这也极大地激发了彼此共建幸福的愿望。如果套用肯尼迪总统的那句名言，我们可以说，包办婚姻形成了这样一种心理定势：不要问婚姻为你做了什么，而要问你为婚姻做了什么。与此相比，西方的婚姻以实现个人满足为前提，于是导致了截然不同的心理定势。

我不是在鼓吹倒行逆施，提倡包办婚姻。我还是拥护自由婚恋的，只是采取批判的眼光而已。但我也坚信，包办婚姻对于消费文化具有重要的参照意义。用施瓦茨的话来说，我们要做“知足者”而不是“贪婪者”。什么意思呢？所谓“贪婪者”是指消费世界的永不疲倦的购物者。他们不放过任何一个选择，任何一种产品，竭尽全力找到最佳选择。而“知足者”要找的只有一样，只要合意，就此罢休。生活在消费社会，人们大有可能变成“贪婪者”。尽管“贪婪者”有可能找到更好的选择，但研究表明，他们也更不幸、更自卑、更沮丧。鉴于此，在寻觅爱情时，我们该学学做个“满足者”而非“贪婪者”。这并不意味着你非要妥协，但你最好放弃“非其不可”的念头。找到一个能让你快乐的人就知足吧，别再想入非非——尽管将来可能会有更好的人出现。不要想尝尽每一道美味，捕捉每一个机会。正如尝遍所有果酱的学生们发现的那样，世界上真有果酱过多而无从下手的事儿，这就是选择太多的道理。同样，世界上也真有约会对象过多而无从下手的道理。如果你执意做爱情路上的“贪婪者”，那么，不管你选择了谁，结果都可能不会满意。

攀比生妒忌

当然，提到消费社会，就不得不提与其相伴而生的道德问题，也就是消费主义的随从——妒忌。不管你怎么称呼它——攀比、竞争或者焦虑——事实是，妒忌也已在当代文化的土壤中滋生繁衍，并逐渐渗入到我们对婚恋关系的判断中。如果说世上真的有妒忌引擎的存在，那么，我居住的纽约无疑就是一个典型。这座城市不仅聚集了有史以来最多的财富，同时也为人们提供了摆阔的最大舞台。这里既有人均消费1000美元的餐厅，也有价值高达数千万美元的公寓。想象一下索斯坦·凡勃伦的注射兴奋剂消费理论，你就会理解我所谈论的问题。

不幸的是，攀比和竞争也扭曲了我们的灵魂。富有当然是件好事，但是，总想比别人更富有却成了我们灵魂的主宰。从广义上讲，大多数人都承认，自己成不了全国首富，即使在一个州，或者一个城市，想当最富的人恐怕也是枉然。可是，我们却总是希望，在一个社区中，自己是最富有的人。这一点已经得到许多研究的证明。比如，让一组学生在两个选项中作出取舍：希望生活在一个自己的年收入为5万美元而其他人为2.5

万美元的世界，还是一个自己收入为10万美元而其他人为20万美元的世界？绝大多数人都更愿意选择前者。也就是说，对于学生们来说，最重要的不是他们的绝对财富，而是与他人比较时的相对财富。研究人员还就智商和教育设置了类似的问题。那么，多次试验的结果都证明，绝大多数人会选择提高相对地位的选项。不仅如此，人们总是觉得隔岸风景好，邻家芳草绿。研究显示，在与他人比较时，我们往往高估对方的成就。

从很多方面来看，我们依然深陷货比三家的泥沼而不能自拔，只是比的侧重稍有差异而已。婚恋的目标不是找到最好的汽车或者最漂亮的房子，而是找到一个比自己身边的人更优秀的人。婚恋关系无法逃脱这种欲望的摆布。想想世界上充斥着多少俊男靓女的广告，想想这对我们如何评判爱侣会产生怎样的影响。在一项研究中，两组男士分别看了两组不同的照片，一组照片上的女士非常性感，而另一组照片上的女士相貌平平。结果发现，看了性感女士的男士与看了一般女士的男士相比，认为自己的伴侣不好看者更多。更为糟糕的是，他们的满足感更差、忠诚度更低，而且与伴侣的关系也更疏远。

虽然我们大家深受消费主义的摆布，但是，就婚恋而言，文化的转向则给女性带来了灾祸。我们在上一章讨论的重点是，进化过程是如何塑造男女行为的某些方式的。其实，如果从政治的角度来看，这些方式几乎都是不合理的。所以，假如我说，作为一种社会政治运动，女权主义跟某些深层的进化动力是相悖的，希望你不会感到奇怪。与生物学进化相比，社会文化的演变迅如雷霆。正因为如此，你会发现，不论男女，由于进化而来的本我跟文化塑造的自我之间是很难兼容的，所以，在男女婚恋的大事上就留下了各种各样的谜团。这里我要特别提醒女性读者，因为，以下所列举的正是一个文化如何压迫女性的名录。

对一个男人越喜欢，让他等的时间就越长

我们先谈一谈性的问题。从许多方面来说，女权主义在性的领域已经取得了巨大进步。虽说这一运动尚未完全敲开董事会的大门，但至少已经完全敲开了卧室的门。然而，女性虽然已经获得了性解放，但人们对男女的评判仍然依据双重标准。任何在美国读过中学的人都知道，男孩的女友多，那是性感美男的骄傲，而女孩的男友多，则是水性杨花的丑闻。不管女权主义有了多大的发展，人们对女性的定位似乎只有非此即彼的两种：要么是圣母，要么是荡妇。或托于天上，或踩在地下——这样的两极化完全不符合女性的真实状况，但这种二分法在我们头脑中的作用却超出了我们的想象。科学家发现，面对世界的繁芜丛杂，我们大家都会用“启发式”的方法，就是说，人们脑海中存在一些简单的规则用以帮助做出决定。打个比方，我们尝到苦的东西会把它吐出来。这样做是有足够理由的。由于许多苦的食物有毒，所以人们在进化过程中渐渐不喜欢带苦味儿的食物了。不过，我们不会在每次吃东西时都有意识地重复一遍上述思维。我们不会每吃一口都认真思考，权衡利弊，要是那样的话就太浪费时间啦。所以，避免吃带苦味的食物就

是一种“启发”，它帮助我们完成吃饭的任务。

圣母—荡妇二分法也许恰恰起到了同样的作用，因为这种方法在世界许多文化中都很普遍。从意识的角度来看，我们都知道这种二分法过于简单化，但我所讨论的是意识之下的思维层面。在这个层面上，圣母—荡妇的划分发挥着择偶“启发”的简单功能，这在男人眼里显然是优点多多。首先，女性放荡给男性的父亲身份带来巨大的威胁。除此之外，还有一个根本的原因，那就是进化论的“适者生存”。别忘了，女性掌握着珍贵的卵子。因此，女性在选择配偶时必须十分挑剔，如果随随便便就行，那就等于向男性释放了一种很强的信号，表明她找不到终身寄托，只能临时找个伴儿，能对付多久算多久。从进化论的角度来看，她释放的信号是，她并不是什么抢手货。我对男性的访谈证明，这种信号的确简单易别。对女性而言，把长相守变成露水情，最简便的办法就是尽快跟男人上床。那么，多久才算尽快呢？这不好说。不过，假如真的希望发展一段感情，女人绝对会有等待的耐性。

我知道，在意识层面上，所有这些分析似乎都有些牵强。但不要忘了，“启发”是帮助我们将复杂世界简单化的一个办法。倘使把个人和社会的诸种因素都考虑进去，那么，要精确地判断何种程度的乱交才能为人所接受，那就太困难了。圣母—荡妇二分法却可以快刀斩乱麻，简单、迅速地将所有的女性一分为二：一类是合适的配偶，另一类是不合适的配偶。由此我们可以得出结论：女性的性解放，其直接后果之一是男性忠诚度下降。罗格斯大学进行的一项全国婚姻调查显示，男人不忠于一个女人的首要原因是，男人们认为，没有婚姻也可以得到性爱。

这项调查还有另一个发现，闺蜜关系经常被其中一方无情地背叛。像“淫荡”之类的流行语很可能是女人自己造的，而不是男人编的。放荡女人给有夫之妇带来的威胁远比给有妇之夫带来的威胁更大，因为轻易的性爱可以引诱别人的男朋友甚至丈夫变心。对女人来说，使用“淫荡”的说法可以用来规范其他女人的性行为，并借以告诫男人千万别碰这种女人，因为她们过于淫荡。

显然，上述研究对女性读者的借鉴是，在男人承诺非你不娶之前，要避免与其发生性关系；同时，你不能让过多的男人见识你的妩媚。在访谈过程中我遇到过很多女性，她们一旦开始慎重考虑选择终身伴侣了，就会采取这样的策略。一位女士表示，“你需要尽可能久地等待。一旦发生关系了，你就失去了唯一性，变得更像一件商品了。”许多女性表示，她们要的心眼儿与此相仿：对一个男人越喜欢，让他等的时间就越长。

不过，这样做也有明显的缺点。首先，女人和男人一样，做爱是快乐的享受；第二，我们的文化早已不像从前那样单纯，女人严守妇道，既是招君子爱慕之美德也是拒贤士投近之符咒。对女人而言，也许最明智的策略就是放长线钓大鱼，拿着洁身当诱饵。有了这个算盘，我们不妨开个不那么科学的玩笑，给那些想知道熬多久才出手的女性们出个招儿：翻个倍数！就是说，如果你通常是在第三次约会时就把自己交出来，那么，往后你先不急，等到第六次再牺牲不迟。或者，如果你通常会在亲密接触前等待四周，那么，往后你先不急，等待八周再上手。虽然这在短期内可能要牺牲一些性爱的愉悦，却可以增强你是高品质女性的讯号，并可说明你在择偶时是花得起时间来精挑细选的。

我们再回头看看性感美男的情况。科学研究证实了人们的常识，性感美男比普通男性的性伴侣多。如果回到之前我们关于精子和卵子的区别上来，这里的原因就是显而易见的，女性愿意牺牲长期的婚恋关系来换取优良的基因，而且她们是有意这样做的。一项研究表明，如果女人只希望与男人保持短期关系，那么，她会非常在乎男人的长相。如果希望保持稳定的爱情，请你离此类美男远点儿吧。这话听似刺耳却很在理。因为，这种男人可以被迫表白一番忠心，可结果大多都是负心汉。也就是说，就像“荡妇”让男人心里发虚一样，“美男”也让女人忧心忡忡。

谁是家里的顶梁柱

性文化是女权文化之一，而女权文化超越生物进化的领地却并未局限于此。女权主义错综复杂，不仅侵入了人们的床头也钻入了人们的钱包。根据进化心理学家的研究，女人在选择配偶时，优良基因与殷实财力并重。在后女权时代，越来越多的女性事业有成，家底充盈。在这种情况下，你也许会认为，这些成功女性不会那么看重男性的经济状况而会更在意男性的基因质量。但社会变迁比生物进化的速度快得多。在这一点上，最显著的体现就是成功女性对伴侣是否成功的态度。事实证明，成功女人不仅不会忽视男人的财力反而会看得更重。她们依然希望男人比自己赚钱多。女性在事业上的成功对两性关系来说只是增加了一个新的不稳定因素。一项调查显示，妻子收入高于丈夫的家庭与妻子收入低于丈夫的家庭相比，其离婚率要高出 50%，离婚本身与女性经济地位的提升紧密相关。

随着时间的推移，这一问题还会越来越糟糕。2005 年的一项经济普查显示，在某些大城市中，20 多岁的女性比同龄男性收入要高，其主要原因是教育背景。上述女性有 53% 受过大学教育，而男性则只有 38%。从择偶的角度看，这对女性而言简直是雪上加霜。因为，一般地讲，不管是男性还是女性，大家都希望男性的受教育水平与女性大体相当甚至更高。《纽约时报》近期发表的一篇文章指出，薪酬水平的差异已成为婚姻关系紧张的一个源头，一方面女性想努力摆脱男性是家里的顶梁柱这一传统观念，而另一方面她们又要努力对自己的成功保持低调。

在我的访谈记录里，以上种种问题也是女性们经常议论的话题。一位女士说，她在邮件中会把自己的头衔删除，免得把男同胞们吓跑。另一位女士说，她尽量避免提自己的名牌大学学位，因为她不想让男人觉得自己像“格洛丽亚·斯泰纳姆派”[①] 那样，是什么女权活动家。还有一位女士，经常强调自己的某些缺点，比如总是找不到钥匙什么的，这样人家不会把她的智商看得那么高。此外，许多女人还常常会刻意隐瞒自己拥有一套公寓的事。事业上的成功也会带来身份转换的问题。一

① 格洛丽亚·斯泰纳姆（Gloria Steinem）：美国激进的女权运动活动家，曾在 20 世纪 60 年代发起妇女解放运动，花了将近半个世纪的时间为争取妇女的经济、社会、性别和政治的平等而撰文呼吁。

位销售主管说，如果下班后直接去赴约，她会遇到很大的麻烦，因为在工作中，她很严肃，说一不二，所以她担心会把这种行事风格带到约会中去，那样会立刻把大男子主义者吓跑。她经常从朋友那里听说，男人们觉得她“咄咄逼人”。现在，她下班后会先回家换一身衣服，而且会刻意拿出温婉柔顺的样子。

男性一般不好意思说自己害怕女性的成功，但是大多数男人还是承认，女性的成功的确会影响到恋爱关系。我访谈过的所有男士都表示，他们不喜欢“死硬派女权主义者”。多数男士对女方更成功的伴侣关系表示怀疑。不过，只有少数几位承认，他们确实有危机感。大多数男人更愿意含糊其辞，把担忧说成是“志趣不投”，或者找个像“不会是个好妈妈”之类的托辞。

所有这一切都说明，在塑造我们的环境与影响我们的文化之间存在着越来越大的鸿沟。按照常理，事业有成的女性通常更在意男性的基因而非收入，理由是，成功女性不在乎男性的那点儿工资，再者，放下身段去追成功男人会适得其反，不利于彼此关系的发展。成功男性很可能会整天泡在工作里，这就必然需要妻子牺牲自己的事业，而且，如果双方的职位都很高，也会给婚姻带来额外的压力。尽管这些道理谁都明白，可是所有我访谈过的女士都表示，她们不会跟事业不如自己的男人去约会。

当基于过剩的文化与基于稀缺的进化撞车的时候，自然会出现上述现象。在人类历史长河中，我们绝大部分时间是在为吃饱肚子而挣扎。但现在，饥饿不再是问题，肥胖倒成了烦恼。千百年来，人们已经形成了及时储藏食物的习惯，这在刀耕火种的年代是了不起的策略，但在到处都是连锁超市的今天，这个传统却成了一大难题。这样的思维习惯同样适用于女性对于经济能力的要求。研究表明，在摆脱了贫困之后，存款的增多并没有带来多大的幸福。有一项研究，要求被试者报告前一天自己受坏情绪困扰的时间，结果显示，收入低于 2 万美元的人仅比收入高于 10 万美元的人多 12%，这比人们想象中的要少得多。然而，人们还是在本能的驱动下，不遗余力地追求更多的财富，哪怕牺牲幸福也在所不惜。如果你面临两种选择，一种是年薪 4 万美元的安逸快乐，而另一种是年薪 50 万美元的郁郁寡欢。你说，哪个更诱人呢?

假如金钱在择偶的问题上没那么重要，那么，我们大多数人的爱情生活一定会更让人开心。事业有成的女士，如果能够克服与生俱来的偏见，接受比自己赚钱少的伴侣，必然会获益更多。其实，这样的事例并不鲜见，像白领女性与蓝领工人结缘的新闻常有报道。收入不丰的男人其工作竞争不那么激烈，反而使他们更有机会比身居高位的成功男人把更多的时间和精力投入到情感培养上来。当然，这有个条件，男女双方消除偏见，不再介意谁是家里的顶梁柱。

女性的学历是负担

在性爱的问题上，学历对女人来说同样有利有弊。女权主义的一个重要目标是将大学的校门向所有女性敞开，我非常赞同这一点。但这样做也是有代价的。首先，女性受教育程度越高，结婚时的年龄就越大。美国女性的平均结婚年龄是 25 岁；

如果接受了大学教育，这一年龄就上升到了27岁；而获得硕士或者专业学位的女性一般到30岁才能结婚。这个问题之所以严重，是因为年龄对女性至关重要。男人爱少妻，所以女人年龄越大可选择的范围就越小。此外，男人更倾向于选择学历比自己低的女性作为伴侣，这使女性择偶的境遇难上加难。最后，才智本身似乎也是渴望结婚之女性面前的一道坎儿。一项调查显示，终生未婚的女性比普通女性智商要高——当然，女权主义者可以说，高智商的女性因为太聪明了，所以不会掉入诸如婚姻之类的男权主义的陷阱。

如果你对事业有成的女性在择偶过程中遭遇的文化焦虑表示怀疑，那么，不妨看几部当前热播的电影。这些影片不厌其烦地讲述着自信、干练的女人，非要固执地嫁给一些窝囊男人的故事。比如，《失恋排行榜》（*High Fidelity*）、《单亲插班生》（*About a Boy*）、《单身男子俱乐部》（*Old School*）、《赖家王老五》（*Failure to Launch*）、《一夜大肚》（*Knocked Up*）、《婚礼傲客》（*Wedding Crashers*）等等。尽管《欲望都市》（*Sex and the City*）表面上传达的信息是，纽约四个事业有成的单身职业女性拥有知心朋友，过着丰富多彩的生活，而且在她们的生活里，男人成为附属品。但影片暗含的意思与之恰恰相反——她们无比狂热地需要男人走进她们的生活。

女人太多了？

当然，无论是男人还是女人，不管是文明还是进化，有一个关键因素是无法控制的——人口统计学。因为，在某种程度上，所有的问题都归在了男女数量的比例上。最新人口数据统计的结果显示，男女比例失调，而且从择偶的角度看对女性大大不利。

你可能还记得，《新闻周刊》1986 年刊登过一篇耸人听闻的文章。这篇文章说，40 岁的单身女性，结婚的概率比遭到恐怖袭击的概率还低。有趣的是，对这个幻象，竟然有那么多的人明知是假，却宁可信以为真。为什么人们乐于接受一个无异于外星人入侵地球的天方夜谭呢？原因是，这样的说法道出了社会意识里的文化焦虑。虽说这个奇谈不是对现实的确切描述，但对很多单身女性来说，却是她们内心感受的写照。她们所感受到的，正是人口结构的巨大变迁，尽管她们并没有这样的意识。

在女权运动后成长起来的第一代女性会认为，这样一个结构是合理的。她们是工作权的骄傲的继承者，因为她们中的许多人都拥有了自己的事业。可是，事业是用代价换来的。这个代价就是爱情家园的萎缩。

在美国文化中，人们对适婚男性短缺的忧虑由来已久。回想一下，从殖民时代开始，文学作品对老处女的刻画就不断提醒着所有女人们，如果她们在爱情博弈中落败，会落得何种凄凉的下场。那么，你会想当今女人的忧虑跟上世纪 50 年代黄金时期的女人们一定有根本的不同了吧？只要浏览一下当时的女性杂志，你就会立即产生不同的观点。在那个时期的杂志上，不仅刊登着指导女人去哪儿把自己嫁掉的文章，而且还有人口普查数据分析，说明哪些区域的男女比例对女人最有利。

20世纪六七十年代的女权运动加剧了适龄男女比例失调的问题，从而使女性的处境进一步恶化。女性越来越专注于事业，因而结婚年龄也一推再推，结果给社会造成严重的负面影响，因为，显而易见，这个倾向与我们祖先壮丁配少妻的传统是背道而驰的。研究表明，女人希望找比自己年长约三岁半的男人，而男人希望找比自己年轻两岁半的女人。我们在进化论那一章已经讲到，这些偏好的原因是明摆着的：男人希望老婆保持生育能力，所以想要更年轻的；女人希望丈夫养家糊口，所以想要年富力强的。这种愿望是无意识的，但其作用却像有意识那样强烈。人们实际的婚姻状况确实与这种愿望是大致吻合的。1996年，新婚女子的平均年龄为24.8岁，而新郎的平均年龄则为27.1岁。

上述讨论的确很有道理，但我们的问题依然没有答案。对于40岁的女人嫁出去的概率比死于恐怖袭击的概率还低这一假说，人们为什么深信不疑。要想探明这其中的原因，我们还得从传统上男女年龄偏好的差异说起。由于女性偏爱年长的男性，所以，随着年龄的增长，她们的选择范围越来越小，而男人的选择范围却日益拓展。换句话说，在女性的青春资本日益减少的同时，男性的年龄优势却日渐彰显。尽管“音昭丽”（Enjoli）香水广告向女人们承诺，她们完全可以自己买菜，自己做饭，但是广告里没有说，她们可能不知道饭做给谁吃——当然应该是男人啦。

女权主义的影响不单是年龄这一项。如前文所述，诸如学历、收入以及职位等要素也是择偶时的重要指标。这样一来，男人的选择对象不仅要年龄比自己小的，还要赚钱比自己少的、学历比自己低的、职位没自己高的（男老板娶女秘书是常事，女老板嫁给男秘书却不多见）。正因为如此，三四十岁的女性在情场不被看好，而那个荒谬的恐怖主义笑话却会流传甚远。

还有一个结构比例的因素也对大龄女性不利，那就是男性对女性年龄的偏好并不稳定。男性随年龄的增长会逐渐改变对女性年龄的偏好，他们不再满足于只小两三岁的，而是喜欢更年轻的。根据对报纸征婚广告的统计，而立之年的男性希望找比自己年轻 5 岁的女子，而 50 多岁的男性却希望找比自己年轻 10 到 20 岁的女人。对结婚年龄的统计也证实了这个趋向。第一次婚姻，美国的新郎一般比新娘大 3 岁；第二次婚姻，这个数差就升至 5 岁；到第三次婚姻，丈夫就比妻子平均大 8 岁。

这一切都说明，女权主义赢得工作权力的胜利其实是一柄双刃剑。虽然，从全国范围来看，女性在各家公司的地位都在不断提升，但往往是以牺牲情感生活为代价的。

女权主义为女性赢得了权力，但同时把她们带入两难之境：发展事业还是追求爱情。如果女人们真想找到最佳伴侣，那应该在身价处于峰值时完成，也就是 20 多岁的时候。如果大多数女人能这样做，那就不会有那么多 30 岁的单身女，而且即便到了 30 岁也不愁嫁不出去。当然，结婚早必然影响事业的发展，尤其是早早当上了妈妈。一位经济学家发现，女人 20 多岁的时候，只要推迟生育一年，她们的收入就会增长一成，这里的一成是指整个一生的收入，不是单指某一年，而是指在随后的每一年。照这样看，养一只新式宠物似乎比养孩子更划算。

我本人是一个女权主义者，所以我肯定不会主张女同胞们不搞事业，哪怕她们心甘情愿。但是，我敢说，任何人都不会认同，女性应该以牺牲爱情为代价来换取事业的成功，尤其不赞成为了事业把婚姻给耽误了。如果女人们能及早意识到这个代价，那么，三四十岁单身女人的焦虑症就有可能得到一些缓解。

但这并不意味着大龄女注定情路渺茫。我们说的只是一般情况，是平均值。如果平均值可以代表一切，那每个家庭都要生 1.86 个孩子。其实，也有很多家庭妻子与丈夫同岁，甚至比丈夫还大。不过，了解一下男女对伴侣年龄的偏好差异，还是很有好处的，因为，如果这种偏好不是局部而是全体，那就会产生巨大的社会效应。偏好的差异性在大城市里表现得更为明显，因而人们关于爱情的怨言也最多。你甚至可以认为，抛开其他方面不说，单单是居住在大城市里本身对婚恋关系就是有害的。研究表明，由于大城市提供了接触多个伴侣的机会，因而对婚姻的稳定性造成了极大的威胁，成为拆散许多幸福家庭的罪魁祸首。

我们姑且将上述现象叫做小偏好大效应吧。在我生活的纽约，这里的人口结构对女性尤其不利。在曼哈顿及其周边地区，男女比例为 90 ∶100。这听起来并不太糟。毕竟，每 18 个幸福之人的身后，只有一个顾影自怜的女人。但这个比例其实有很大的漏洞，因为其中有很多人早已结束单身，所以，刚才的 90 ∶100 应该是 4 ∶5，这一下又使形单影只的女人增加了一倍，而这正是诸如《欲望都市》之类的节目得意风靡的基础，因为这部电视剧道出了很多职业女性的心声——总是有很多人告诉她们，她们什么都能得到，却从来没有人告诉她们要付出多大的代价。

那么，纽约的环境对于30多岁的单身女人来说到底有多难？一位英国女子在美国很多婚介中心注册，希望能找到终身伴侣。经过两年的苦苦寻觅之后，她依然独身一人，最后终于离开美国回到英国，决心在故土找个归宿。很多女人都在抱怨，认为社会对男女的衡量标准是不公平的。人们期望女人们拥有各种各样的好品质，但对于一个单身男人而言，只要他有稳定的工作，同时还是个异性恋，那就是块宝了。

我的访谈结果也显示，由于男女比例的失调，结果，纽约对很多男人尤其是事业有成的男人来说，简直成了满足性爱的天堂。我访谈过的一些单身男人，他们的态度，如果用一个词来概括，就是“自负”。许多男士不喜欢用“约会”（dating）来指他们的性爱活动，因为“约会”是有很多规矩的。他们更愿意用“泡妞”（hanging out or hooking up）之类的说法，因为这么说的意思是模糊的，不会被认为动了真情。

你不用观察整个城市的人口也会发现，约会的态度跟参与者的数量有密切的关系。一项对速配约会参与者的研究显示了相似的结论。无论在哪天晚上，也不管有多少人参加，男人对女伴的选择性不会改变，即参与速配约会的人越多他们邀请的女伴也就越多。但女人对参与活动的人数却特别敏感。如果参与人数较少（少于15人），那女人不会比男人挑剔，但随着参与人数的增多，女人对男友的要求也会相应提高。

玛西娅·古滕塔格曾写过一本书，书名为《女人太多了?》（*Too Many Women*?），主题就是男女比例问题，其中讲到，二战前男性的数量远远多于女性，但战争使这一比例发生逆转，男女的比例成了95∶100。作者指出，男女比例的变化看上去只是个小数，可实际影响却不小。我们首先看一下书中提到的一个代表性年份。1970年，14岁以上的美国人，男女比例为92∶100。这表明，女性比男性大约要多500万。古滕塔格将已婚男女剔除之后，单身男女的数量差仍为500万，但男女的比例却更糟，每100个女人只能分到81个男人。根据2006年人口普查的数据，我做了粗略的估算，美国的男女比例是94∶100。

当然，不同的统计分类会得出不同的结果。比如，人们倾向于选择本民族、本种族的异性为伴。2006年的人口普查显示，15岁至44岁白人的男女比例较为平衡，为103∶100，但15岁至44岁黑人的男女比例只有87∶100。

比例失衡不仅给女性找伴侣带来影响，而且对社会整体也会造成很大的影响。古藤塔格认为，性别比例决定了性别的地位。古藤塔格发现，根据历史记载，女多男少的社会有许多共同的特征，如非婚生育的情况增多，性自由主义的风气日盛等。但这并不意味着比例能决定一切。毕竟，还没人能跟0.94个人为伴，即使选择对象的数量的确很不理想。

单身女人的好消息

单身女人们，不必灰心！因为我也有个好消息，兴许能帮你摆脱社会偏见的折磨。即使人口比例和文化成见都跟你作对，但最新的科学研究表明，跟女人相比，男人更发愁找不到合适的对象。有关单身汉的笑话，并非无中生有，单身男人比单身女人的境况更惨。只要比一比已婚男女与单身男女的平均寿命，一切就明白了。举一个最现实的例子。48 岁的已婚男人中有九成能活到 65 岁以上。而单身男人呢？只有六成（离婚和丧偶的男人情况略好）。不结婚给男人带来的危害比患心脏病还要严重。心脏病使男人的寿命缩短不到 6 岁，但单身却能使男人少活 10 年。同样，婚姻对女人也是利大于弊。不结婚女性的死亡率会升高 50%；但男性从中获益更多——不结婚男性的死亡率竟然要升高 250%！所以，不管固有的观念怎么说，男人似乎比女人更需要婚姻。这一点可以从男女再婚率的差异上看出来。男人再婚的几率比女人高 4 倍，而且间隔也比女人短，一般来说，不超过 3 年，而女人平均要等 9 年才会再婚。

对于一些模糊指数，比如生活满意度等，男女之间也有明显的差异。已婚男人比单身男人的生活满意度高，但对女人来说却恰恰相反，单身女人比已婚女人的生活满意度高。一项研究干脆把男女婚姻前后的反差命名为“幸福鸿沟”。20 世纪 70 年代早期的调查显示，女性比男性要稍微快乐一些，但现在这一状况发生了逆转，男性变得更为快乐了。这一变化很可能是由于女权主义没有完全取得胜利的缘故。从 20 世纪 60 年代以来，男人的工作时间在减少，而消遣时间却在增加。与此相比，女人的家务少了，但外出的工作多了。40 年前，女人每天要花两小时来做自己不喜欢的事情，比男人多 40 分钟，而现在，这一差值竟增加到90分钟。在美国的历史上，做女人难这句来自西方的哀叹，也许从来没有今天这样千真万确。

遗憾的是，单身对男性害处更大的观点，几乎没有成为一种文化信息传递给单身女性。想一想文化中的各种成见。人们通常认为，单身女人会越来越孤独、绝望，最后只能与猫为伴。与此相比，单身男人依然激情荡漾——稍稍不如从前——总是花心不老，总做着乔治·克鲁尼[①]的美梦。结果，毫不奇怪，单身女性产生了某种逆反心理。莫林·多德[②]算得上是一位成功的单身女性。她最近出版的一本书叫《男人是必需品吗?》（*Are Men Necessary*?）。如果让一位成功的单身男人来写的话，他肯定不会把书名叫做《女人是必需品吗?》。于是，你会说，男人太自我了，所以不会为女人操闲心。的确，克里斯托弗·希钦斯[③]

---

① 乔治·克鲁尼（George Timothy Clooney）：美国肯塔基州列克星敦出生，美国演员、导演及编剧，2006年夺得第78届奥斯卡金像奖最佳男配角奖。以演出长篇电视剧《仁心仁术》（台湾译名：急诊室的春天）（ER，1994年—1999年）著名，并跻身好莱坞一线影星行列。1997年和2006年，被美国《人物》周刊评为“最性感男人”。

② 莫林·多德（Maureen Dowd）：《纽约时报》专栏女作家。

③ 克里斯托弗·希钦斯（Christopher Hitchens）：美国最负盛名的政论家。现居华盛顿，生于英国普利茅斯，先后就读于剑桥和牛津，主攻哲学、政治和经济。1971－1981年十年间他在英国媒体历经磨炼，历任泰晤士报书评作家、泰晤士报高等教育副刊社科版编辑、《新政客》编辑兼主笔、伦敦周末电视台研究员兼记者、《每日快报》首席国外记者。1981年移民美国后他开始大展拳脚，在《国家》（*Nation*）杂志开设的“少数派报告”（Minority Re-port）令他一举成名。从1992年开始他又成为《名利场》和《哈泼时尚》的编辑兼专栏作家，并担任不少伦敦报刊如《观察家》、《泰晤士报文学副刊》的驻美记者和专栏作家。他曾至少从60个国家向全球三大洲发稿。

写了一本书，名字叫《上帝并不伟大》（*God Is Not Great*），如果用多德（Dowd）的话来说，也可以叫《上帝是必需品吗?》，这里的意思是，男人们忧虑的是上帝，而女人们担心的是男人。事实上，女性心理指南之类的书比比皆是，从中可以看出女性中普遍存在着焦虑情绪。我个人最喜欢的一本书叫《为什么黄瓜比男人要好》（*Why Cucumbers Are Better Than Men*）。这些著作都反映了一个事实：单身女性要承受很大的社会压力。其实，这也不是什么新鲜事儿。"萨勒姆女巫审判案"① 就是一个例证。有一种观点认为，这个事件的主要起因是，当地年轻女性担心嫁不出去。

单身女性的现实与传统观念格格不入，却没有让想摆脱"浪漫情结"的女性走出困境。但是我希望这个结论可以缓解一下女人们的压力，因为，数据显示，女人根本用不着为嫁不出去犯愁，真正难受的是讨不着老婆的男人。

---

① "萨勒姆女巫审判案"（Salem witch trial）：1692 年马萨诸塞州萨勒姆镇的一起女巫审判案。十六七世纪，世界进入了社会转型时期，马萨诸塞殖民地也正处在由混乱到稳定发展的阶段。这一时期当地的巫术案屡有发生，1692 年的萨勒姆案就是一起典型事件。19 名"女巫"被判绞刑，另有许多嫌疑被处监禁。

第四章

爱情博弈

把妹达人的学问

期望值差不多的男女更容易结为连理

为婚姻算笔账

恋爱网站能为你帮多大的忙?

婚姻的价值

恋爱博弈论

爱情策略

“棒” 原则

1 美元游戏

我发明过一种小游戏，叫“爱情博弈”（正在申请专利）。游戏很简单，就是你的任何一个选择都关系到爱情花园的变化，不管是变大还是变小。就拿我自己来说吧，当年我进了常春藤盟校，这个消息对我的爱池来说，简直太棒了，因为牵涉到谈婚论嫁，女人更垂青于学历高于自己的人，最少也得跟自己不相上下才行，加之我进的又是一所享有盛誉的学校，这就又给我加了分。我做了几年新闻工作（薪水不高要扣分，工作有意思要加分），后来又重返校园深造，结果是喜忧参半。本来，我的爱池应该变得大一些，因为我在天平的一端加了一个高学历的砝码，但是，我却犯了一个致命的错误——我得到的是历史学博士学位，而不是能帮你获得经济效益的两个助推器：MBA或者法学学位。文科的博士，工作前景不容乐观，即便找到了工作，最多也就过着中层或者中上层的舒坦日子，想飞黄腾达几乎是不可能的。正因为经济基础决定男性的欲望，所以，我的爱池就被设置了上限。

毕业后，我到了纽约，这对我的恋爱来说，同样是喜忧参半。一方面，纽约有很多薪水丰厚的男士，而我呢，在一所中学教课，拿着可怜巴巴的工资，没有大学教授的地位。于是，我的爱池也就随之大大缩水；但另一方面，纽约的人口状况让我欣慰，因为纽约女多男少，而且我30多岁正当年——就像上一章讲的，女人喜欢跟年纪大的男人结婚。

这么说来，就爱池而言，我虽然不至于洋洋自得，至少可以信心十足，因为我有一些令女性垂青的东西，比如说学历高、经济状况稳定、没有过多的恶习等等，只是在经济地位上不尽如人意。总之，我的恋爱前景比上不足、比下有余。与一般人相比，在恋爱的微观环境方面，比如说人们一般看得起受过中等教育以上者，我可能还有几分胜算。那么，实际结果呢？作为一个落魄的假高级知识分子，我就不再继续卖关子了。我现在结婚了。有趣的是，我妻子是韩裔美国人，所以，尽管在婚后出现分歧时她似乎并不为我的高学历所动，但文化上的因素很可能促使她比地道的美国人更看中我的学历优势。

如果我是女性，那可就糟糕了。我们都知道，男人可不喜欢跟高学历的女人结婚，所以，博士学位只会成为一个沉重的负担。再者，选择在纽约居住也不是什么好主意，因为这里本身就女多男少。时光飞逝，一年一年嫁不出去，孤家寡人的恐怖会日渐逼近。同样一个人，如果你是安迪，男博士，你的爱池会逐年扩大；如果你是安蒂，女博士，你的爱池却会一年年缩小。

我知道，“爱情博弈”这个游戏不会成为21世纪的主宰，但是，其中的游戏规则对我们是大有用处的，因为，按照这个规则，我们可以对恋爱进行某种市场评估，通过评估，可以测算生活中的哪个步骤会使自己贬值还是增值。当然，什么规则也无法预测人生的未知。作为女博士的安蒂，我可能命中注定，要和那位英国男博士有缘。他虽然有点儿神经质，但和我一样，喜欢看奥斯汀（Jane Austen）的小说，喜欢用自己喜欢的文学人物给孩子取名。但是，运用经济学或博弈论的学术原理则可以使我们理性、冷静地看待爱情。当然，毫无疑问，如果用枯燥的科学原则来透视爱情的问题，那么，你会像科学一样，离“浪漫情结”渐行渐远。

说来也真奇妙，《恋爱是这么回事》这本书的灵感是我正在读一本关于经济学的书的时候产生的，更准确地说，是书中关于经济学家如何运用博弈论使拍卖更有效一章（“有效”是指对卖方更有利，因为博弈讲的就是怎样让买方尽可能多掏钱）。当时我突然想：为什么不能用博弈论的思想来指导爱情呢？当然，本人最终写成的这本书的内容已经较之当初有了很大的发展，但核心思想——能不能用科学解释爱情这一点却没有变。我们讨论的这一章的内容就是运用经济学和博弈论来验证这个问题。我们虽然不能得出个定论，但至少会对一些关键因素有更为清晰的理解。

把妹达人的学问

科学方法比恋爱指南好，不相信是吧？只要用经济学理论分析几本关于恋爱的书，你就会发现这些书有多么的肤浅。就拿 1990 年的爱情畅销书《规则》（*The Rules*）来说，此书的确名副其实：通过大量的规则来指导女人在恋爱过程中应该如何表现，比如电话里说多久，约会在什么时候合适等等。继这本书之后，一系列关于恋爱的书籍一发不可收拾：《规则 2》、《网恋规则》、《婚姻规则》、《约会杂志》等等。具有讽刺意味的是，丛书的作者之一最终还是难以摆脱离婚的结局。当然，如果从离婚率来看，我倒是认为，她是男女比例失衡的受害者，而不是受什么规则的误导所致。其实，从经济学的角度来看，只有一个规则是奏效的，即通过人为地制造稀缺，来提高女人的市场价格。归根结底，所有的规则都是为了让女人不再那么唾手可得，让男人觉得什么时候女人都是有价值的。我并不是说这一招不好使，我只是想说，只要不囿于表面辞令，大多数恋爱建议其实都是很简单的。

这一点对写给男性的恋爱指南也是适用的。前面的章节中提到，男人渴望频繁的性生活以及不同的性伴侣，因此，你可能已经猜到，这些书是教男人如何引诱女人而不必跟女人长相厮守的。举个典型的例子。尼尔·施特劳斯[①]的《把妹达人》(*The Game*)，印刷得跟《圣经》一样精美，好像成了男人引诱之术的秘籍似的。其实它跟《规则》一样，无非是列举了一堆五花八门的技巧而已。然而，从经济学的角度来看，这本书却很实用，因为它引入了市场逻辑：把跟女性的每一次相遇都看成是一次讨价还价，尽量去贬低对方的价值，同时相应地提高自己的价值。再次声明一点，我并不是说这一技巧不管用。我敢肯定，掌握了这些技巧的男人会如鱼得水。但是，我还是想说，经济学和博弈论应该提供更深层次的启发。

---

① 尼尔·施特劳斯（Neil Strauss）：美国畅销书作家、《纽约时报》记者、摇滚乐评论家。著作有超级畅销书《把妹达人》、《游戏规则》等。

期望值差不多的男女更容易结为连理

那就让我们通过亚当·斯密的市场理论来透析爱情吧。这听起来有点儿怪，其实没什么特别。用毫无浪漫可言的经济学方法探析男女之事的做法由来已久。最早的尝试者是经济学家加里·贝克尔[①]。1973年他在《政治经济学杂志》上发表文章，名为《婚姻理论（第一部分）》（第二部分于次年发表）。他认为，理性的求爱者都会寻找最心仪的伴侣，这就牵涉到“同质选配”原则，说得通俗一点就是，期望值差不多的男女双方更容易结为连理。这一结论虽然简单，却包含了很多方程和算式。贝克尔毕竟是诺贝尔奖获得者，不是小酒吧里的信口开河之徒。之所以能赢得诺贝尔奖，是因为他突破了以往经济学分析方法仅仅适用于经济领域的局限，将其拓展到了人类所有的行为领域，婚姻自然也包括在内。贝克尔在不经意间把严谨的理论、数据运用到了暧昧的男女关系上，他的这个理念激发了一大批追随者的研究热情。

在深入探讨这一问题之前，我想强调一点，数据分析虽说很牢靠，却也捉摸不定。时下，经济学家们忙活着对所有的东西都进行一番价值评估，有些你连想都想不到。比如，如果把

---

① 加里·贝克尔（Gary S. Becker）：美国著名的经济学家和社会学家，1992年诺贝尔经济学奖得主。主要论著有：《歧视经济学》，《生育力的经济分析》，《人力资本》，《人类行为的经济分析》，《家庭论》。此外，西方经济学者把贝克尔的时间经济学和新的消费论称为“贝克尔革命”。

性生活从一个月一次增加到一周一次，那么，按照经济学家的估计，它所带来的快感相当于年收入增加5万美元。年“收入”增加5万美元听起来很容易吗？婚姻的价值约等于年收入增加11.5万美元。对女人来说，抚摸带来的快感，相当于年收入增加2.6万美元，因为它可以减少压力，同时增加血清素和多巴胺的分泌。经济学家甚至用美元来衡量性高潮（0.7万美元）和汗水（1.55万美元）。有意思吧？是的。但所有这一切有点儿像那句老话：了解了价格不等于明白其价值①。数学家塞尔吉奥·里纳尔迪甚至给出了爱情等式。棒极了，对不对？用精确的数学等式来破解爱情之谜。有了这个公式，你一定会激动起来，所有的问题似乎都能迎刃而解了。好了，我还是不卖关子了。下面就是他给出的等式：

$$x_1(t) = -a_1x_1(t) + R_1[x_2(t)] + I1(A_2),$$

$$x_2(t) = -a_2x_2(t) + R_2[x_1(t)] + I_2(A_1)$$

有用吗？反正我不这么认为。这个等式出自克丽欧·克雷斯韦尔（Clio Cresswell）的《数学与性》（*Mathematics and Sex*）。这本书满篇都是这类等式，读起来很有意思。不过这本书对我的最大启发并不是数学可以破解爱情之谜，而是数学对于我这样的门外汉来说深不可测。要论记忆数字，我们现代人并不比

① 王尔德（Oscar Wilde）语，原话为：A cynic is man who knows the price of everything and the value of nothing. 意思是：一个玩世不恭者是这样的一个人，他对价格了如指掌，但对价值却一无所知。

稀疏草原上的祖先们高明多少。认知心理学家乔治·米勒曾于1956年写了一篇很有名的文章，题目是“神奇的数字7”。他发现，我们大多数人在瞬时记忆中都无法一次记住七种东西。所以我写了这一章来告诫读者：什么话都不要不加分析轻易相信。这话有道理吗？有。那么你要照单全收吗？不。尽管博弈论和经济学能够为解密爱情提供有力的工具，但是，现实生活却远非简单的公式所能描述。

为婚姻算笔账

既然如此，我们倒要看看，从科学和博弈论这对索然无味的“难兄难弟”身上，我们是不是真的一无所获。首先，从“婚姻市场”说起。我们大都有这样的信念，认为自己之所以爱上一个人是被其个性和气质所吸引。这种念头让我们觉得自己很崇高，因为，我们会感觉自己在两性关系上不是冷血动物。同时，我们还会觉得爱情很纯洁，因为我们赋予爱情的观念远远超出了冷酷的市场逻辑。但是，我们这里却有足够的理由认为，在爱的世界里，一切都符合市场的规则，而且是一个有效的市场。研究者完全可以绘制一幅人们对不同品质的估价图，而且，你可能想都不敢想，不管有多少个性差异，大多数爱情都可以被简化为一张归因表。从广义上讲，女人的市场价值取决于其生殖能力和吸引力的大小，而男人的市场价值则取决于其经济能力和承诺的可信度。把爱情完全归咎于这几个标准似乎过于简单化，毕竟人们各有各的偏好。但是，这几个因素基本上构成了市场价值的决定性要素。据一项关于四家主流报纸征婚广告的研究显示，这种关于爱情的市场理论是非常有效的。女人年纪越大，她们在征婚广告中的要求就越少；女人对自我吸引力的估价越高，她们在广告中的要求就越多。家资殷实的男人，往往要求也更多；而家道寥落的男人，所给的承诺就比较多。我当然认为，我们不会在脑子里装着一张条目清晰的市场价值表去寻找伴侣。但是，我的确相信，时间和经验会帮助我们形成关于自身价值的意识，而且我们也往往会钟情于具有同等市场价值的人。换句话说，我并不是说我们爱上一个人，仅仅是因为自己的魅力获得了公平的交换价值，而是说我们对自身魅力的感知使我们爱上具有同等市场价值的人。

在我的访谈中，尽管大部分人都否认自己算着这样的小九九，但是，几乎所有的人都承认，自己的爱情观受到某种市场逻辑的制约，不管是听了像“你可以找个更好的”这样的朋友相劝，还是因为“跟你不般配”而决定放弃与某某交往。一位女性甚至承认，对她来说，每次分手之后，计算“拆卖价值”① 成了她的家常便饭——保存收到的所有礼物，计算它们的价值，然后衡量自己的付出“是不是值得”。

拿市场规则去求爱听起来不太体面，但是，有的女性经过不断摸索，还是成了情场上讨价还价的老手。比如，有一名读MBA 的女生，她每学期可以按规定的学分限量选修几门热门课程。有一学期，她把所有的学分课都集中拿来选修有关谈判的

① 拆卖价值（Breakup value）：破产企业的财产清理价值。此处指恋爱关系结束后，计算在恋情中的得失。

课程。她这么做或许是因为她对这门课程有兴趣，或许是因为她意识到自己缺乏谈判知识。学期结束后，她开始在恋爱中运用学到的谈判技巧。老师教过，首先要分析自己的最佳候选是谁，然后，巩固自身的地位，削弱候选的优势。好了，这位女士看上了一位男士，可是人家已经有了女朋友。于是，她想方设法挑那个女孩子的毛病，同时，为了增加自己的魅力指数，她极尽所能让自己看上去是个香饽饽。她还当着那位男士的面，跟别的男人眉来眼去，然后说，这些男人都对她有意思。此外，她隐瞒了自己的事业目标，因为她担心事业心太强会成为一块绊脚石。最后，那位男士动心了，这时她开始摊牌，一说能跟她好是他的福气，二说她只考虑铁石心肠的，但有二心，她会当即改弦易辙。浪漫吗？一点儿也不！功利吗？丝毫不差！他们开始恋爱了。甭管能撑多久，单凭这几招，这位女士肯定会走得很远。当然，我并不是说，每个人都应该把恋爱当成二手车市场上随便的讨价还价，可我的确希望，你能够认同市场规则适用于恋爱这个道理。

如果你认可市场逻辑对爱情的作用，那么，你可以根据一个简单的原理来规划自己的一举一动。这个原理就是：我这么做会提高还是降低自己的市场价值呢？你一定希望自己尽可能地稀缺，尽可能地有价值。这样的道理实属常识，用不着我说这么多废话。遗憾的是，人们在无意之中经常做出违背这个常理的事，比如，跟前任男友通电话或发邮件等，不一枚举。

另外，你也必须客观对待自己的身价。如果你有才有貌、亦庄亦谐，那么你有巨大的市场潜力，你几乎可以要风得风、要雨得雨。但是，假如你相貌平平，甚至更糟糕一点，其貌不扬呢？许多研究表明，人们都极不情愿承认自己的平庸，并且经常高估自己的身价，结果给爱情生活造成不利影响。最近一项调查表明，承认自己属于中等偏下的人只有不到1%，这就意味着，我们中49%的人在自欺欺人。不幸的是，市场规则不单单适用于别人，同样也适用于我们自己，而可悲的是，几乎所有的人都爱幻想，幻想自己比现实中的真我更抢手。

倘使我们勇于承认自己的不足，那又会怎样呢？我们应该怎么办？我们应该怎样在开放的市场中选择伴侣呢？为此，有人进行了专项研究。这项研究叫“伴侣市场”实验。研究者发给被试者一定数额的伴侣基金用于购买伴侣的品质，并希望通过给部分被试紧缺预算（低市场价值）来验证，在伴侣选择上，哪些是最基本的选项、哪些是奢侈的选项。结果发现，预算紧张的女性，把有限的资金花在了智慧、金钱、敬业和幽默感上。预算紧张的男性的想法比女性简单多了。他们孤注一掷，全部花在身体的吸引力上，而这在女性看来，却是一种奢侈的东西。

当然，现实中的爱情市场是纷繁复杂的，既不像实验那样简单，也不像贝克尔在1970年写的那些文章那么直截了当。过去，男女婚配受到各种条件的限制，诸如地理的、社会的、经济的、种族的等等，结果是，不管在什么时候，你的选择对象就那么一小撮儿。现如今，互联网提供了无尽的选择机会，旧有的限制被完全消除，实现了所谓的恋爱全球化。不过，你应该还记得上一章的结论，过多的选择未必是件好事。最近一项研究结果显示，这个膨胀的市场已经泛滥，即研究者所说的

“恋爱混沌”。

爱情市场开放了，许多新的问题也接踵而至。首先，开放的大市场大大增加了错误配对的几率。过去的小镇范围小，不管选谁，大家已是多年的旧相识。生活在一个繁杂的社会中，我们要跟各色人等竞争，不管是出于有意还是出于无心，其中，既有圈内好友又有泛泛之交，有饭店招待、有多年同窗还有——你随便往下续。

其次，开放的市场越来越使人眼花缭乱、无从下手。对于许多物种来说，决定谁跟谁配对的标准只有一个。对于一只雌龙虾来说，找一只钳子大的雄龙虾就成；对于一只雌孔雀来说，找一只尾巴大的雄孔雀就中；对于一头雌性抹香鲸（白鲸）来说，找一只……算了，天知道雌性抹香鲸找什么样的配偶合适！但是，这个问题对我们人类就没那么简单了。也许，过去也很简单。远在非洲的稀疏草原（savanna）时期，人们没有多少东西需要考虑。或许，莫格是个好猎手，霍格擅长生火。但今天，种类繁多的标准让人眼花缭乱。他有意思吗？她喜欢摇滚吗？他会做饭吗？她是不是太像他的前女友？当一切都成为可能，就如乱麻一团，搞不清到底哪个更重要。为了解决这个难题，人们开始从所谓的专家那里寻求帮助。事实上，任何一个按照互联网上的选择标准来找寻伴侣的人都是在依靠专家。而具有讽刺意味的是，向专家求助，只能是乱上添乱，使原本复杂的问题更加复杂化。

恋爱网站能为你帮多大的忙?

我们不妨稍稍讨论一下恋爱网站的问题。为了挤进交友市场，几乎所有的恋爱网站都加入到了竞争的行列。各家网站都标榜自己科学，但是这里的科学与真正的科学相比，正如现代化学家之于古代方士。似乎每个网站都聘请了自己所谓的“爱情专家”，并发明了一些配对的巧妙算法。Chemistry. com 网站聘请的是海伦·费希尔博士，她推出了迈尔斯-布里格斯人格测试（只要你曾经在就业指导办公室待过，见识过类似所谓人生规划的测试，你就不会觉得上述测试陌生）。尽管她写了很多关于爱情的畅销书，但是她自己第一个承认，在这个领域她并非科班出身，因为她的专业是人类学。

然而，就在 Chemistry. com 网站鼓吹自己的算法有着最前沿的科学依据的时候，eHarmony[①] 网站向事务改进局[②]投诉，要求他们收回这一说法。Match. com[③] 也在顾问帕伯·施瓦茨博士（他曾写过很多很棒的书）的指导下，创立了“完美配对”(Perfect Match)，随后又根据迈尔斯-布里格斯人格测试设计了一个更为复杂的“比翼双飞系统”（duet total compatibility system)。最复杂的要算 eHarmony 网站的算法，它根据人的 29 种

① eHarmony. com：美国最大的社交婚恋网站之一。

② Better Business Bureau，或称商业促进局，商业信用局。

③ Match. com：全球最大的婚恋交友网站之一。

特质设计了上百个问题。这套数学公式真的能反映那么多特质吗？他们的回答是：这是机密，就像可口可乐的秘诀一样。

所有这些网站面临的第一个问题是，虽然它们都声称有科学依据，但没有一家通过真正的科学测试，即同行评议。也就是说，他们并没有资格宣称已经掌握了魔力公式。这些测试方法还需要在论坛上接受其他科学家对其可靠性的评判。这听起来有点儿吹毛求疵，但这是科学研究的基础。不少恋爱网站都说有出版自己的研究成果的意向，但只是随口说说罢了。我敢向你保证，如果哪一家真的找到了秘诀，它肯定会迫不及待地公之于众，绝不会拖拖拉拉。

如果你用数学的方法检验这些网站，那会发现更深层的问题。洛里戈特利布（Lori Gottlieb）在几年前为《大西洋月刊》（*The Atlantic Monthly*）写了一篇很有意思的文章。她在文章中埋怨说，在 eHarmony 网站上，她和任何人都配不了对。eHarmony 的创办者尼尔·克拉克（Neil Clark）风趣地解释说，洛里戈特利布是人中龙凤，而 eHarmony 更适合寻常百姓。显然，这一回答不禁让人生疑，这些网站到底有什么用？对于一般人来说，所有的特质都不会偏离统计平均数的标准差范围，所以，如果你是一般人，那么，想跟类似的人不匹配几乎是不可能的，还有，想找出此类匹配模式的不可靠性也几乎是不可能的。

你可能会想，解决这一问题的方法是测量更多的特质。如果仅从这个角度看，eHarmony 的 29 种特质看上去好得很。回答一长串问题，既有关于自己的也有关于所期待的伴侣的，应该没什么缺失了。你可以清晰地定义什么是志向，什么是幽默，什么是体贴。当你停止点击鼠标的时候，好像可以高枕无忧了，只等着电脑把真爱带到你面前。但是，稍加计算就会发现，标准的增加，却带来了一个致命弱点。很不幸，爱情问卷包含的标准越多，你就越不可能找到与自己配对的人。即使你把范围缩小到只有6个属性，那么，你找到匹配的可能性也只有1/28。问题越多，情况越糟。如果把范围扩展到10个属性，你找到匹配的可能性几乎为零。数学家把这个现象叫做“维度灾”，意思是，你所考虑的维度越多，你找到具有相似性概念的几率就越小。大量的数据带来的是多样的解释。换句话说，罗列属性非但不能缩小范围，反而使缩小变成不可能。

以上分析并不是说恋爱网站没有成功配对的例子。当然可以成功！但我想说的是，他们的成功跟他们所谓的科学公式根本不沾边儿。只要能让很多人参加配对，早晚会有对上眼的，而这跟你用了何种计算方法无关。正如一位最诚实的恋爱网站顾问所说，这个领域尚处于拓荒期，其密码尚未破解。这句话的关键就在于“尚未破解”。不过已经有了点起色。像Facebook. com和Myspace. com等一批恋爱网站和社交网站，已经开始为人们提供大量的专家意见，帮助大家分析男女之间相互吸引的方方面面。或许过几年，科学能给这些问题提供更为精练、更为具体的答案。不过这也说明，男女之事何以如此微妙依然是一个科学难题。如果做个对比，拿智商测试来说。你可能会想，测量智商相对来说不算什么难事。这种测试始于20世纪早期，经过了长时间的提炼和改进。而且，好像也有大把的资金投入。然而，按照目前的水平，智商测试最多只能简单地测量人的智力指数。当然也不无出彩之处，比如，可以测试被试者父母的社会经济背景等，但这无异于夸一个舞蹈家写得一手好字。所以说，尽管随着时间的推移，恋爱网站用于寻找真爱的算式会越来越好，但眼下最好不要期待它们能解决多少实际问题。

婚姻的价值

真正的问题倒是，对于爱情来说，市场理论能不能为我所用。用经济学的话说，我们希望找到估价较低、可以讨价还价的商品，同时避开估价过高、代价高昂的商品。一旦你用这个方法来看待爱情市场，你就会知道什么是赚钱买卖，什么是蚀本买卖。我们拿矮个子男人来说。女性很看重身高。一家征婚网站上的调查显示，80% 的女性希望对方身高不低于 1.8 米。女性太看重身高了，结果，从市场的角度讲，往往物非所值。一项针对网恋的最新研究发现，与身高 1.82 米的男性相比，1.67 米的男性每年需要比平均薪水多赚 17.5 万美元，才能弥补身高的欠缺。另一网上调查的结果基本与此吻合：与身高 1.82 米的男性相比，1.72 米的男性每年需要多赚 14.6 万美元，才能获得与前者大致相同的吸引力。而身高 1.52 米高的男性，每年需要比平均身高者多赚 32.5 万美元。

不管是哪种算法，女性对男人身高的估价高得离谱儿，她们每让步 2.5 厘米身高，就要得到年均 3 万美元的补偿。于是，不难想象，为什么身高低于 1.80 米的男性都郁郁寡欢。但无可辩驳的是，身高是生物学家们所说的“适应性”的指示物，它意味着优良的基因以及良好的健康状况。研究发现，女性把所有优秀品质都与高个子男性联系起来。还有研究也发现，个子高的男性在社会上也的确享有各种优势。比如说，如果个子不高，在美国这个国家是不可能成为总统的。要找到一个身高低于一般人的总统，我们需要追溯到19世纪。即便如此，女性对男性身体状况的评估似乎有一种非理性的驱动。请比较一下，男性身高在工作环境中的估价。一项对男性薪水的研究发现，对于男性来说，2.5厘米的身高顶多值不到600美元的年收入。这就是说，在身高的市场价格与女性对身高的估价之间存在着超过2.9万美元的落差。这是一个典型的市场不等价交换的例子。

如果女性能够灵活一点，那就有可能从矮个子的男性身上获得更多的价值。你可以找一个现在不算高但在中学时却比较高的男性。乍听之下，这话很矛盾，其实不然。你要找的是一个发育较早的男性，而发育早就使他在同龄人赶上之前占据身高优势。早期的身高为什么是一个优势呢？对于青少年来说，身高是智商的象征。还有，青少年期的身高优势会增强自信心，从而增加日后取得成功的几率。事实上，对于中学时个子高、成年后并不高的男性，上述关于薪水的统计数据就不灵了，因为他们与个子高的男性赚的钱一样多。反过来，中学时个子矮、成年后个子很高的男性，赚的钱却不如前者多。所以，从经济学的角度看，女性不宜嫁给这类男性。

你甚至可以跟一个虽然实际个子不高，却被认为个子挺高的人相爱。地位、权利往往和高度一起深深扎根在人们的心里，于是，矮个子的人只要拥有了前两者，就等于也拥有后者。有一项研究，将同一位男性分别以地位较低的学生和受人尊敬的教授两种身份介绍给一些学生，然后，要求被试者估计这位男士的身高，结果显示，教授身份的身高，比学生身份的身高要高出几英寸。所以，在某些情况下，即便你跟个子不高的人相爱，你也有可能得到跟个子高的人相爱的所有的好处，包括你周围的人的评价。到哪里去找这样的好买卖呢？

你一旦开始找寻，就会发现有很多未开发的新领域。比如，如果你是白人女性，思想开放，愿意和其他种族的人结婚，你就可以利用市场不平衡的原则。一项关于网恋的研究显示，较之白人女性，非洲裔女性的年收入需要高出平均水平 15.4 万美元，才能获得与白人女性相同的吸引力；西班牙裔的男性，年收入需要高出平均水平 7.7 万美元；亚裔男性的市场行情更糟，年收入需要高出平均水平达 24.7 万美元。可见，男性比女性的市场行情更差。这项研究表明，女性不能通过高收入来填补民族或种族的落差。

再比如，男性依然不看好高学历女性，尽管智力是可以遗传给孩子的最重要禀赋之一。同时，面对赚钱较多的女性，男性总是退避三舍，尽管从经济学的角度看，这非常不理性。与之类似，男性不愿意找比自己个子高的女性，尽管女性的身高同样也显示基因的适应性。当然，要利用这些市场的不平衡因素，人们需要克服本能的倾向性，这可不是容易做到的。一项最新调查显示，只有 4% 的女性愿意跟比自己矮的男性结婚。如果能跨越这一障碍，那么你在爱情市场上将拥有更多讨价还价的资本。

毫无疑问，有些品质是从来不打折扣的。比如说相貌，如果它对你很重要，那么你也要为之付出代价。在这一点上，女性多少有一点儿灵活性，因为有人愿意拿财富来交换。对于男性来讲，如果魅力指数被划到垫底的10%里，那就需要比平均工资多赚18.6万美元；然而，对于女性来说，没有风韵却是一个硬伤，不管赚多少钱都不能使自己赶上相貌出众的前10%。吸引力差的人在工作中也处于劣势。没有姿色的女人比有姿色的少赚5%，而没有魅力的男性则少赚10%。平均起来说，与一般人相比，相貌出众的人要多赚5%。对于肥胖的女性来说，提高爱情市场价的最直接的方法就是减肥，而且减肥还可以在工作中给自己加分。经济学家估计，30公斤的多余体重会让女性少赚7%的薪水。

当然，在爱情市场上开发被低估的领域或者避开被高估的领域，并不等于要占领这个市场，而要占领这个市场恰恰是求爱者所不可取。如果你把情场看做一个市场，那么，你一定希望伴侣的市场价值最大化，可这并不是什么好主意。从长远来看，得到一个市场价值比自身大得多的伴侣，有可能为自己埋下祸根。研究表明，有些人找的伴侣的确跟自己“不般配”，但是日后，此类伴侣另攀高枝的绝非少数。男女关系并不是一锤定音的买卖。如果有一方觉得自己没有得到应有的回报，那就很有可能左顾右盼。所以，买主要小心啊！即使已经签约，交易也可能会泡汤。

与男性相比，女性对爱情市场的分析比人们想象的要周密得多。按照我们以上的分析，再参照市场本身的特性，你可能会认为，单身男女自然而然都会选择价值最高的伴侣。然而，一项最新研究却表明，女性会主动回避选择价值最大的伴侣。研究人员将男性依照吸引力从高到低、财力从大到小排列，然后要求女性被试者从中做出选择。按照市场的逻辑，女性应该选择最有吸引力、事业最成功的男士，但事实是，她们避开了这类男士，而是选择了相对有吸引力并且财力中等的男性。研究者想揭开这个疑团，但他们找到的唯一理论是，面对才貌双全的男性，女性会担心上当受骗或始乱终弃。

我们大家都无法躲避经济学家所谓的“市场压力”。正是迫于这种压力，女性不得不控制自身的市场价值——性。显而易见，男性更渴望性，所以，在建立恋爱关系之前，女性掌握着谈判的绝对优势。在一定时间内拒绝性关系，对于女性来说，是掌控男性怎样对自己估价的最好方式，因为这样做等于告诉对方，得到她的性爱是难得的特权，同时，作为一种最简便策略，可以敦促男性考虑与自己长相厮守而不只图一时之快。毫不奇怪，一项研究显示，在男大学生眼里，容易到手的女生是性饥渴甚至是病态。

上述策略的应用还涉及许多细节性技巧。有一项研究显示，如果选择的目标明确，那么，吊吊对方的胃口是非常有效的。婉约固然好，但是老用的话，也会失灵。不过，假如你的目标锁定在某一个人身上，那么，婉约之招就特别管用。只对一个男人有意，对其他男人视而不见，这就等于向对方表白一种信息：自己是专情女子，在婚姻市场上价格不菲。

用市场规则来考虑爱情，许多读者会表示迟疑，这是很自然的事情，但是，对于美国人来说，与其受“浪漫情结”的煎熬，倒不如按市场规律办事来得痛快。那么，还有什么理由可以解释像 Datemillionaire. com[①] 之类恋爱网站流行的原因呢？最近有一项研究，对中等收入的人群（年收入介于 3 万美元到 6 万美元之间）进行问卷调查，其中有一个问题是“是否愿意跟相貌中等的有钱人结婚”，结果，被试者中有 2/3 的女性和一半的男性表示“非常”甚至是“特别”愿意接受这桩“买卖婚姻”，他们要求的平均价格是 150 万美元。其中，因为女性对自己年龄的市场价值非常敏感，所以不同年龄段的女性提出的价格有很大的差别。20 多岁的女性的理想价格是 250 万美元，40 多岁就变成了 220 万美元，而 30 岁的女性则降到了 110 万美元。调查者的解释是，30 岁的女性面临生孩子的生理压力。男性给自己开的价格比较低，平均为 120 万美元。这也许是对达尔文主义所说的廉价精子、昂贵卵子观点的本能性认同。面对这些无情的数据，你可能感到吃惊，但研究的结论确实说明，万物有价，包括你的婚姻。

恋爱博弈论

用数学理性思考爱情问题，并不是只有市场动力学这一种方法。在解释包括人类在内的动物的择偶问题上，博弈论正日益占据主导地位。诺贝尔奖获得者、数学家、电影《美丽心灵》

---

① Dateamillionaire. com，百万富翁交友网站，主张为那些一心忙于经营业务、没时间去酒吧以及其他社交场所的富人提供有价值的服务。

的主人公约翰·纳什，为博弈论的发展做出了重大贡献。他提出的纳什均衡理论，大大拓宽了博弈论的应用范围，其中包括爱情领域（大概从上世纪后期开始）。

博弈论是应用数学的一个分支，而应用数学最初只涵盖经济学和政治学等领域。博弈的方式是多种多样的：零和与非零和，对称与非对称，连续与非连续、合作与非合作、同步与交替等等。虽然名目繁多，但也无需担心，我们只取跟爱情相关的一小部分，希望能从中得到一些切实可行的帮助。

我们先看看这个理论对女性有哪些好处。博弈论为游戏设置了基本规则。我们在进化心理学的章节已经证明，男性渴望性，并且一般比女性的欲望高。鉴于这个前提，主动权应该在女性这边。先前我们探讨过“为什么实行一夫一妻制”的问题。博弈论通过对这个问题的考察证实了上述观点。生物学家用博弈论的思想把这个复杂的问题简化为四个假设，这四个假设相互关联，决定着一个社会到底是“一夫一妻制”还是“一夫多妻制”。马特·瑞德勒关于性与进化的专著《红色皇后》（*The Red Queen*）对爱情博弈的问题有精辟的论述，其主要观点与这四个命题吻合：

1. 如果女人选择一夫一妻制能过更好的生活，那将产生一夫一妻制的社会；

2. 除非男人能够强迫女人选择一夫多妻制（诸如“抓住女人的头发把她拖进洞里”之类的爱情）；

3. 如果选择有妇之夫对女人没什么不好，那将产生一夫多妻制的社会（诸如“宁做布拉德皮特的妾也不做辛普森的妻”

之类的爱情①）；

4. 除非妻子可以阻止丈夫纳妾（诸如“不要碰我的男人，不然我扯烂你的头发”之类的爱情）。

上述关系中，你注意到男性所扮演的角色了吗？请你仔细看——男性只在第2种假设里管点儿用，其他情况都是女性说了算。

当然，我们知道我们的社会实行的是一夫一妻制，假如把各种变量都考虑在内，那么，任何一个简单问题都会立刻变得复杂起来。就拿性来说吧。愿意接受短期性关系的女人比执著于长相守者能够吸引品质更高的男性。但是，单身女子仅凭洁身自好还不足以彻底改变自身的市场价值，因为她在努力吸引男人的同时还要面临与其他女人的竞争。

还有一种经典的博弈模式可以说明，性关系的不确定性对固有的平衡造成威胁。想象一下，假如一群猎人追逐一只雄鹿。如果大家同心协力，就有可能将鹿捕获，每人都能分到大块的美味。但是也有可能捕不着那头鹿。结果谁也吃不上肉。另外，有的猎人可能放弃对鹿的追捕，转而去打一只兔子。他离开队伍越早，抓到兔子的可能性就越大，尽管兔肉没有鹿肉好。假如还有别的猎人开小差，队伍会被拆散，那鹿肯定会逃脱。最后，只有及早离队而去打兔子的猎人能吃上肉。这个游戏大致说明了合作的难度。

---

① 布拉德·皮特（Brad Pitt），美国著名男影星，以性感不羁深受观众欢迎。文中此处的“辛普森”（Simpson）指的是美国著名系列卡通动画《辛普森一家》（*The Simpsons*）当中的父亲，外表普通，远不及布拉德·皮特有魅力。

我们现在想象一种类似的环境，其中女人们在追一个有地位的男人，而这个男人又无心与谁许定终身。此外，女人们还有另一个难题。她们不可能分享“猎物”，也就是说，她们之间不可能有合作。如果所有的女人都洁身自好，那就有可能迫使这个男人做出长相厮守的承诺。但是，有一些女人心里很清楚，自己不可能赢得这个男人，所以，干脆不在乎天长地久，只在乎曾经拥有（与上文追捕兔子的事类似）。因此，尽管女人可以死守性关系这道防线来有效地占据主动，但是，参与博弈的可不是某某女士一个人，在她的周围，随时都有别的女人愿意以不同的方式玩这个游戏。

爱情策略

用市场规则分析爱情时，人们必须首先承认，爱情中存在一定的策略因素。承认爱情的策略性是对“浪漫情结”的又一次沉重打击，因为“浪漫情结”的观点是：爱，顺其自然。读到这儿，你可能会想，“我从不玩儿游戏”，而且你也相信，这是真心话。然而，这句心里话本身就可能是一种策略，因为它可以成为任何游戏里的一个步骤。事实上，当你说“我从不玩儿游戏”的时候，你在暗示别人，你有过人的品质（比如可靠、真诚等），同时，你也可能希望排除某些游戏规则（比如，你可能会暗示，你无法容忍欺骗行为）。不管我们怎样抵触爱情博弈论，除了傻瓜，我们都会承认，在情场上有些做法我们是忌讳的，比如，谁都不想表现为性欲狂。大家都知道，初次约会，不管多顺利，对于对方，我们都不会轻易说爱，更不敢轻言“唯一”，即使脑子里闪过这样的念头。那样做是下下策，因为那等于暗示对方，你没有什么追求的价值。

约会的技法简直是数不胜数，但是常用的也就那么几招儿。男人常常通过吹嘘自己一诺千金来欺骗女性，而女性则多诉诸爱的代价来接招。一些女性甚至用到了博弈论者称之为“最后通牒”的绝活儿，跟对方说，必须在某个日期结婚（或订婚），否则一拍两散。而另外一些女性则通过婚恋网站为爱情博弈设置重重限制，比如 conservadate. com 或 singleswithscruples. com 等网站（这些网站的市场定位是“厌倦了游戏”的人!）。

我个人比较看好自嘲策略，也就是所谓的欲擒故纵。换句话说，如果你魅力非凡，那就不用自吹自擂，完全可以自谦一点儿，你仍旧有很好的异性缘。你可能觉得这是常理，算不得什么策略。请你看看《他们叫我淘气劳拉》。这书很有意思，讲的是关于《伦敦书评》上刊登的自嘲式征婚广告。我们随便举几个例子：

“胆怯丑男，中年自怜寂寞愁；心高体胖，蛤蟆想吃天鹅肉。”

“随你怎么说。本女不在乎。想写信随便你。”

“男，46，厚脸皮，得意忘形。你会烦吗？很有可能。我在乎吗？不大可能。”

此类广告不光是幽默，同时也是前文提到的扎哈维①的高价

---

① 阿莫兹·扎哈维（Amotz Zahavi，1928—?）：以色列的演化生物学专家。他曾说：“我觉得即便是两个个体之间的合作，双方大部分的投入也可以看做是对自身所做贡献的一种展示，也是表示自己愿意继续合作下去的一种手段，其目的是阻止对方的欺骗或离异行为。”

讯息概念的一个验证。只有才貌双全（以及幽默感很强）之人才有资本自嘲。由此我们也认识到，软推销比硬推销更有效。

对于那些热衷于净化爱情博弈的人来说，只要一个小小的改变，就能杜绝很多不良行为，拉长博弈时间。有一位政治学家就曾用过这个方法。他请博弈论专家设计计算机程序，让大家在“囚徒困境”① 的博弈中一决高下。专家们提交了几十种程序，然后彼此“混战”了几百回合。而谁是最后的胜者呢？最短的那个程序——只有 5 行，设计者称之为“以牙还牙”（Tit for tat）。这个程序的做法你一定想到了，不管与哪一种程序交锋，第一个回合，它选择合作。在随后的所有回合里，它只按对方在上一回合中的做法：对方合作，它也合作；对方自私，“以牙还牙”。就这样以彼之道还施彼身，“以牙还牙”击败了所有的对手。当然，要在爱情博弈中创造与此类似的局面，同一对男女需要多次“交锋”（约会）。在这样的环境下，人们会马上净化自己的行为，否则像欺骗之类的恶行将在下一轮中受到惩罚。

不幸的是，爱情博弈远非如此简单，因为约会的对象坐的是流水席，你方约罢我登场。不过，假如能进行充分的交流，同样可以收到异曲同工的效果。如果能了解他人过去的所作所为，那就有可能建立起信任网，把骗子挡在圈外。试想，我们每个人都有一个恋爱档案，都有一个评估级别，就像在 ebay 上

---

① 囚徒困境（The prisoner's dilemma）：博弈论的非零和博弈中具有代表性的例子，反映个人最佳选择并非团体最佳选择。虽然困境本身只属模型性质，但现实中的价格竞争、环境保护等方面，也会频繁出现类似情况。单次发生的囚徒困境，和多次重复的囚徒困境结果不会一样。在重复的囚徒困境中，博弈被反复地进行。

买方和卖方的档案那样。如果某某的行为劣迹斑斑，那么，想找个人约会恐怕越来越难。如果我们大部分时间是在同一个地方生活，那么，流言蜚语、街谈巷议就会发挥这个功能，并以此形成某种行为规范。现在，很多网站开始采用这一理念，只是目前还未尽人意，因为人们可以随时更换网址。如果某个恋爱网站能像 ebay 搞在线竞拍那样令人可信，那会规范男女相约的行为（至少是在诚实这一点上），这可是《摩西十诫》（*The Ten Commandments*）下凡以来最了不起的事情。

“棒”原则

尽管从博弈论里可以学到不少有意思的方法，但有些人的着眼点却只是眼下，眼下怎么办？博弈论的方法切实可行吗？可行，的确可行。比如，那个老生常谈的问题——要约会多少人才能找到真爱？博弈论终于帮你找到了答案：12 个。没错，是 12，正好绕时钟走一圈。没什么难的，对不对？好吧，我知道你需要更有说服力的东西。有许多人可能远不止与 12 个人约会了，可至今仍未找到真爱，就像 12 岁时一样，依旧是光杆儿司令。有些人可能早就对我忍无可忍了，因为我竟然能把一件变化莫测的事情化为一个明确的数字。况且，为什么偏偏是 12？它又不是灰姑娘迈过的那道门槛——顺便说一句，这个童话是我攻击“浪漫情结”的靶子之一。童话故事里的恋人总是轻而易举地找到真爱，让我们这些可怜虫觉得，在爱情的路上跋涉，这本身就是很窝囊的事情。

还是回到12这个幸运数字上。我们怎么会得出这么一个精确的数字呢？为了更好地理解这个问题，我们先玩儿个游戏。这个游戏数学家们起过不少名字，我们这里就叫“嫁妆问题”吧。背景是这样的，假如你是国王最信任的参谋，国王想许配给你一位漂亮新娘，但他想先知道你是否像他想象的那样聪明。于是，他设置了一道难题，让手下在全国找了100位最漂亮的姑娘，然后给她们每人一份嫁妆。每个人的嫁妆都不一样，而且价值也不一样。你的任务就是找到嫁妆最值钱的那一个。如果你成功了，漂亮新娘和嫁妆都归你，而且你在国王身边的位置也会更加稳固，反之，就得脑袋落地。噢，等等，还有一件事，每位姑娘只能见一次，一旦放过了，就不能再叫回来。准备好了吗？游戏开始。

聪明的参谋，你可能已经找到其中的玄机了。当然，我的数学很烂，所以我只能完全依赖数学家彼得·F. 托德和杰弗里·F. 米勒的“从傲慢与偏见到说服：求偶中的满足”（From Pride and Prejudice to Persuasion：Satisficing in Mate Search）这篇文章。文章收录在《启发让我们聪明》（*Simple Heuristics That Make Us Smart*）一书中。如果你仔细算一算，你会发现，最大的成功几率是，在挑过前37个人之后，接着往下挑，下一个嫁妆价值超过前37个的那位姑娘，就是你的新娘。数学家把这个办法叫做“37%规则”。看过了前37位姑娘之后，你有37%的机会找到最值钱的嫁妆，当然，面临砍头危险时，这不是最优选择，但是比起其他数字来，这是最高的几率。如果国王把游戏规则放宽一点点儿，你成功的可能性就会大大提高——如果在挑过前37位姑娘之后，你能获准带上一位继续挑选，那么你成功的几率就会上升到60%。这不算太糟糕。

谁觉得37%规则比较扫兴，请举手。37这一数字跟我先前说的12相去甚远。和37个人约会确实够累人的。很显然，拖德和米勒也赞同这一点，所以他们想出了其他方法来调整这一游戏，以期得到更好的效果。

除了37%规则外，你可以先试试“最好的下一个”战术。当然，这意味着你不得不放弃找到“唯一”的念头。如果你坚持完美的理想，那你就必须坚守37%规则。如果你能接受最佳10名中的任何一个，你可以使用“14%规则”。这个规则的原理你能猜得到。看过前14个之后，下一个优于前14个的就是你的选择。按照这个方法，你有83%的几率找到最佳10名中的一个。如果你可以接受最佳25名中的任何一个，你只需看过前7个，你的成功几率高达92%。如果你情路不顺，只希望不是最差25%的人就可以了，那么你只需看过3个人，并且你失败的几率不到1%。这一招好像不大灵，但是在避免失败方面，3%规则比37%规则高明，因为按照37%规则，你有9%的可能会选到最差25%的人。尽管37%规则帮你找到最佳选择的几率最高，但在其他方面表现得很糟糕，包括选择最佳10名甚至25名中的人。而且，从总体上看，还会导致平均配偶价值[①]偏低。

通过比较可以发现，“10%规则”是最好的策略，因为它会

① 配偶价值（mate value）：人的配偶价值是指与配偶交配并保持伴侣关系，使配偶遗传基因繁殖成功的几率提升的程度。

导致最高的平均配偶价值，而且，找到处于最佳10位者的几率非常高，而找到处于最佳25%位者的几率更高。“10%规则”远比“37%规则”更有效，这一点，通过比较两者的平均配偶价值就可以说明。“37%规则”的平均配偶价值是81，而“10%规则”的平均配偶价值是92（而且不需要约会那么多人）。同时，“10%规则”也不那么繁琐：你只需在100个人中约会10个，这比我先前说的12个还少。当然，你实际约会的人数很可能多于10。请记住游戏规则。“10%规则”意味着你必须观察过前10个人，然后选择下一个好于前10个的人。一般情况下，你可能需要跟34个对象约会后，才会完成这个指标。

当然，有些耐性好的人也许觉得，约会100个人都是小菜儿一碟：只要能找到真爱，就算约会1000个人也心甘情愿。如果你需要从1000个人中作出选择，那么“37%规则”意味着你什么也甭做了，只把有生之年全部献给约会事业。如果你能接受最佳10%中的任何一个，那么，你只要选“3%规则”，就能获得97%的成功率。如果你愿意接受最佳25%中的任何一个，那么，成功的可能性会更大。通过选择基数从百位到千位的对比，我们得出的结论是：约会最佳人数为12。拖德和米勒发现，不管样本量有多大，这一数字都能得到最佳的结果。用他们的话说，这叫“小研究大用途”。当然，无论如何还是有可能做出错误的选择，但是“12‘棒’规则”①给我们的启示是，即使

① 克雷斯韦尔称之为“12邦克”（bonk）规则。邦克（bonk），有性交的意思。如果译为“12邦克”，不知所云，不如译为“12‘棒’”，意义较为吻合。

选择错误，也不遗憾，因为我们已经尽力了。

虽然我还没有听说有谁完全按照“12‘棒’规则”去寻找伴侣，但是，有关资料显示，人们确实有意无意间使用着类似的方法。比如，有的人说他们把寻觅合适伴侣看作简单的数字游戏。只需按照既定人次完成约会，然后从中选出最佳就可以了。在我看来，这一点在某种程度上跟我先前所说的“过多的选择”现象是相互矛盾的。但是，花几年时间与几打人约会与花几小时浏览上千份网络个人资料，两者不可同日而语。令人感到惊奇的是，现实中发生的数字与“12‘棒’规则”所预测的结果往往是吻合的。有位女士从决定约会择偶之日起，在2年的时间里，经过38次约会，最后找到了“真命天子”。这其中的数字跟“12‘棒’规则”所预测的情况非常接近。另一位女士是在无意间表演了现代版的“嫁妆游戏”，其中唯一的差别是她没有性命之忧。第一轮约会中，她先后约见了100位男士。淘汰一部分后，她选择了其中的10位进行第二轮约会，然后经过再一轮的淘汰，她跟3位男士进行了第三次约会。接着，她和其中两人保持长期的联系，并最终和这二者之一喜结良缘。我还发现，其实有很多人采用的方法跟博弈论非常相似。有一位工程师甚至说自己的婚姻是“系统配置”，一句话就把浪漫甩得无影无踪。

当然，现实生活没那么简单。躺在毛绒垫上，吃着葡萄，就等漂亮女人送上门，这是一件美事，可惜，“嫁妆游戏”毕竟是游戏，而生活就是生活，两者相去甚远。这里我们只说其中最重要的一点：双向选择。“嫁妆游戏”的假设是，你可以选择任何一个你喜欢的女人，但却忽略了一点，在现实社会中，女人也有选择权。看着你吃葡萄的懒散样儿，她们有权决定回老家去嫁给那个做骆驼生意的帅哥哥。

米勒和拖德又让100个男人和100个女人参加了这个游戏。他们发现，不管是男人还是女人，可选对象越多，建立恋爱关系的可能性就越小，原因是人们把期望值定得太高了。你可能把目标锁定在最佳前10%，但是如果你自身处于垫底儿的25%，那么你就有可能将单身进行到底了。有一点需要补充，必须学会通过反馈来调整自己的期望值。这会涉及不少数学问题，米勒和托德也进行了这方面的实验，结果证明，如果你采用的是“12‘棒’规则”，那么，你的期望值很可能会定得过高。

还有一点也很重要，恋爱中有许多方面是不能用数学方法分析的。比如，对于女人来说，知道痴情男人跟花心男人之间的比数很有用。但是很不幸，这个比数并不确定，因为它会随社会环境的变化而变化。而对于男性来说，则要伺机而动，有时要表现得忠诚牢靠，有时也需要逢场作戏。博弈论本身的意义就是，参与者通过制造不确定性来防止被对手所控制。

更糟糕的是，参与者很可能意识不到自己在搞小动作。前文所引特里弗斯的“性选择和亲本投资理论”（parental investment theory）把这种现象叫做“适应性自我欺骗”。相信你会接受这个观点，因为瞒天过海、睁眼说瞎话的事儿随处可见。我们说的谎言太多了，结果往往会自欺欺人。其实，从进化论角度来看，自欺欺人对我们是有用的。道理很简单，如果能骗得了自己，那么，想骗别人就更不在话下。自欺欺人的好处不乏其例。比如，一位只想搞一夜情的单身男子，在酒吧里看见一位女子，结果一见钟情，动了真心，开始热烈地向她求爱。他真诚地看着她的眼睛说，在他的眼里，她的价值远非一朝一暮所能比。结果，她被说动了，跟他过了夜。可是，等第二天醒来，他恍然大悟，发现是自己欺骗了自己。青天白日可以作证，在他心里，这位女士不是他要找的终身伴侣。不过，自欺欺人却完成了进化交给自己的任务：传播遗传基因。

1 美元游戏

用经济学和博弈论的观点来解析爱情是很有意思的，但同时也有很大的局限性，因为这些理论忽略了引导人类行为的非理性因素，尤其是爱情的非理性因素。为了便于理解，我们来玩一个游戏，你愿意出什么价买 1 美元？我想不用什么数学智慧，你就能轻松得出答案：不超过 99 美分。如果再复杂一点，按照规定，出价第二的竞拍者，即使竞拍失败，钱还是要掏。那么，你会出多少钱？

经济学家马丁·舒贝克拿这个游戏在不同的朋友圈里实验了很多次。他在文章中指出，这个游戏的理想环境是人多喧闹，而且，根据经验，最好是在聚会的时候，大家情绪比较高，等两轮竞拍之后，人们开始顾不上计较得失。舒贝克认为，游戏有三个转折点。第一是，有两个人愿意叫价；第二是，叫价达到 50 美分的时候，因为这时，竞拍的人会认识到，价格再高的话，获利的将是拍卖方；第三是，叫价达到 100 美分，也就是有人愿意拿1美元来买1美元，此时，对手可能想好了叫价，一般是1.01美元。尽管出价高于1美元，但是，如果得手，则至少可以得到1美元，损失的只是1美分；反之，如果竞拍失败，钱就全部赔进去。一旦有一方愿意为了得到1美元而付出超过1美元时，竞拍价格就会急剧上升。根据统计发现，一般说来，1美元可以以3.4美元的竞拍价成交。当然也有不惜蚀本的，拍出1美元，拍得的价格达6美元。更有甚者，一位“获胜者”为了1美元最终掏了20美元，而且能以这个价格赢得竞拍，是因为对手已经身无分文了。还有一次，丈夫和妻子在竞拍中叫板，最终不欢而散，回家时叫了两辆出租车。

后来，同样的游戏又在实验室进行了多次，并得出了相同的结果。其中有一次涉及40多个小组参与，各组分别进行1美元游戏。有半数的情况是，竞拍中途叫停，因为其中的一位竞拍者花光了钱，出不起价了。研究还发现，人们很少从自己的错误中吸取教训。有些人参与过这个游戏，后来还是可能开出高于1美元的竞拍价格。尤其令人不解的是，竞拍的物品，1美元，有明确的价值，所以，它值多少钱人们没有任何分歧。就算是最笨迟钝的玩家也明白，出价高于1美元，最后赢回1美元，这样的买卖没有任何意义。研究人员的解释是，人们参与竞拍的原因，不是经济学问题，而是情感问题。当然，玩游戏的人开始会说，玩的目的是为了赢钱，可随着出价的升高，最初的目的淡化了，玩家开始跟自己赌气，自欺欺人地说：“我不想当傻瓜。”平常大家都会说，只有傻瓜才会掏20美元买来1美元，然而，无数事实证明，我们经常当这样的傻瓜。

舒贝克的游戏并不只是茶余饭后的笑料，而是一种观察升级问题的方式。现实生活中有很多这样的例子，比如说，林登·约翰逊关于越南战争的言论，1968 年与 1964 年相比，简直是天壤之别。起初，约翰逊标榜民主、自由和正义；后来，他大谈国家荣誉，不提战局的失利。博弈论者拉斯洛·梅罗（Laszlo Mero）指出，1 美元竞拍中会出现动机改变，约翰逊的做法就是典型的例证。

日常生活中也不乏此类难题。比如说，你急着去某地，在等公交车，这个过程就有可能是一段 1 美元竞拍的经历。这时，你心里可能在斗争，要不要打个车。事实上，如果你走到公交车站，结果看不到公交车，你可能马上打车走。可是，一旦开始等公交，你等的时间越长，就越可能继续等下去，因为你感觉反正已经等了这么长时间了。我们总是有意无意地处于这种事与愿违的境遇中。梅罗认为，“1 美元竞拍的法则让很多人做着自己不喜欢的工作，维持着没有幸福的婚姻”。

那么，这个原则跟爱情有关系吗？有很大的关系。就拿动物界来说，两只雄性动物为了争夺配偶经常会发生冲突。有些动物会进行战斗，另一些动物则会出于各种原因而避免拼杀。有些动物的武器特别厉害，拼杀的结果会两败俱伤。在这种情况下，它们往往相互“对峙”，摆出架势，怒目而视，看谁的愿望更强烈，谁的耐性更大。说白了，这就是一种典型的 1 美元竞拍困境。那么，最终怎么收场呢？我们前面已经分析过，人类并不擅长从 1 美元竞拍困境中解脱出来，往往会为了取胜而掏光自己的口袋，把所有的东西都搭进去。按照数学家们的分析，动物会给争执的东西确定一个价值，然后根据这一价值来确定对峙的时间。比如说，如果一只雄性动物认定要争夺的那只雌性动物值 12 分钟，那么它会跟对手对峙 12 到 28 分钟。如果赢了，很爽。如果赢不了，它会在到达极限时主动走掉。有关野生动物的研究发现，动物世界的确遵循这一逻辑。换句话说，在解决此类问题时，大部分动物比人类这种特殊的动物要理性得多。

如果我们能记住这条原理，那么，我们就会在情路上避免很多痛苦和煎熬，当然，这意味着我们不得不放弃一些可能导致 1 美元困境的“浪漫情结”。我们拿单相思来说。按照“浪漫情结”的观念，只要真心永恒、痴情不变，总有一天会得到回报。可这种想法恰恰会导致 1 美元竞拍困境，因为，时间越久，暗恋的人就越相信自己的努力应该得到某种回报。其实，即便是确定的恋爱关系，也不能保证不受 1 美元竞拍之困。一旦你与某人的关系保持一定的时间，那么，即使你发现这种关系并不舒服，也不舍得将其打破，因为你的投入太多了。事实上，恋爱经验较丰富的人，都或多或少遭遇过 1 美元竞拍的困境。假如说这一章能给你留下哪怕一条建议，那么，这条建议就是，尽量在恋爱中避免 1 美元竞拍困境。如果不能避免，至少要事先想一想自己愿意为之付出多少，这样你就知道应该在什么时候撤。当然，说来容易做时难，不过，有谁说过爱情不难？

第五章

恋爱达人的秘密招数

聆听身体的语言
吸引男人的招数
男性非主动
求爱五步曲
为性多说几句
我如何爱你
男人的法宝——幽默感
大脑对爱也上瘾
气味的魔力
女性荷尔蒙
男性荷尔蒙
母亲的香水
加压素受体
男女皆宜
男性专区
女性专区
男女皆不宜

终于到了那个妙不可言的时刻——“蓦然回首，那人却在灯火阑珊处”。至少，“浪漫情结”是这样告诉我们的。事实上，你可能从前几章里掌握了一些道理，所以，在你跟你的罗密欧或者朱丽叶萍水相逢之时，你可以做很多事来增强或是减少自己的吸引力。

本章的部分内容可以归到“小窍门”的范畴，因为会涉及各种用来左右别人对自己的认知的方法。我在提出这些“小窍门”之前，心里有一些犹豫。我并不担心这些招数没有效力，相反，我担心的是效力过火。我写《恋爱是这么回事》的宗旨是寻找男女情爱之道，而不是传授损人利己之招。虽然，马基雅维利（Niccolò Machiavelli）理论认为人有欺骗的倾向，但是，这不等于说我们不应该努力超越低级的本能，以走向詹姆斯·麦迪逊①所期待的人性善的一面。

聆听身体的语言

让我们回到那个人流涌动的房间，看看在某个迷人的夜晚

① 詹姆斯·麦迪逊（James Madison，1751 年 3 月 16 日—1836 年 6 月 28 日）：美国第四任总统，宪政学家。《联邦党人文集》一书中写道：“如果人都是天使，就不需要政府了。”

这里会发生什么。首先需要明确一点，在任何时候，人们要交流的意思，只有一小部分是通过语言直接传达的。我们向周围的人传达信息的方式有三种：体态语、声调和言语。当然，如果你要解析一道严密的数学题，那么你的大部分交流是通过语言完成的。但是，人们的日常交流却不是这样，尤其是谈情说爱。在大部分随意性交谈中，言语的作用在三种交流方式中排到最后。根据我掌握的统计数据，我们可以粗略地估计，绝大部分交流是通过体态语和声调完成的，只有不到10%的交流是通过言语完成的。所以，你说了什么远不及你怎样说更重要。在一项研究中，大学生携带随身听，录下一天中所说的话。研究者通过数据分析发现，即使是最短的语言片段，也“充满了不确定的信息”。我们可能意识不到，几乎在所有的交际过程中，人们会传递大量的非语言信息，而且往往是潜意识的。

在爱情领域，这个特征更为明晰，因为在谈情说爱的时候，人们更倾向于暗示而非明言。如果你不信，我们来假设几个场景。比如，一位男士向一位女士走去，对她说，她很迷人，他想跟她做爱。那么，想象一下，接下来会发生什么？如果他是布拉德·皮特（Brad Pitt），他这番话可能会奏效。但对大多数人来说，这样的直白可能会带来一场灾难。再比如，初次见面，女士问男士第一个问题就是男士的薪金是多少，那么，男士会有什么反应？这里的问题就出在过于直白，因为“浪漫情结”需要通过含蓄来表达一种内在的相互倾慕，而不是表面的诸如报酬之类的外在因素。这就是谈情说爱总是使用间接的语言和非语言信息的秘密所在。打个比方，如果你是一位男士，想展示自己的经济实力，你最好不要炫耀自己的银行存款。你可以展示你对名酒品牌的精通，或者谈论其他能暗示你的经济实力的领域。间接的表达方式非常重要，我们甚至可以说，提高恋爱技能的最简便之法就是，学会怎样读懂他人的暗示，同时学会巧用暗示。我希望这一章能帮你学会这套本领。

如果你不相信我，请你浏览一下进化心理学家杰弗里·米勒（Geoffery Miller）和他的助手对艳舞舞者所做的一项最新研究。通过这项研究，我们可以发现，人们的行动中渗透着我们根本没有察觉的各种信息。可以想象，舞女总是尽量展示迷人和性感的地方，因为这样做与她能拿多少小费息息相关。米勒的研究发现，舞女们得到小费的数额差别很大，而且这种差别并不是无缘无故的，而是跟舞女们的生育周期密切相关。月经期的舞女平均每小时赚35美元，非经期、非排卵期的舞女平均每小时赚50美元，而排卵期的舞女平均每小时赚70美元，是经期的两倍。研究者推测，男人对各种细节因素比较敏感，比如说，身体的气味，腰臀的比例等。不管是不是这个原因，有一点是很明确的：无意识信息具有惊人的力量。

当然，读这本书的绝大部分女士都不是舞女，不过研究者发现，生育特征对大部分女性的确有类似的影响。比如，一组男士看同一组女士的照片，有排卵期的，也有非排卵期的，结果是，男士们觉得排卵期的女性更迷人。目前，这项研究还不能完全解释其中的原因，不过，按照研究人员的分析，男性对女性的唇色、瞳孔、肤色等细节的微妙变化很敏感。生育周期也会影响女性的行为方式。比如，研究者发现，女性在排卵期的衣着更有挑逗性、佩戴的首饰也比较多。另一项研究也发现，排卵期的女性发出吸引男性的暗示比非排卵期更多。排卵期甚至会影响女性的声音。一项最新研究，一组男士和一组女士听女人在不同生育阶段的录音，结果发现，排卵期女性的声音是最具吸引力的。所以，并不是只有想生孩子的女性才会关注生育周期的情况。任何希望寻找男友的女性都应该及时掌握自己的“内情”，最起码心里明白，尽量把约会定在排卵期会更好。最后，我想给舞女或者期待邂逅的女性一个忠告：服用避孕药会产生不利效果。研究显示，服用避孕药的舞女平均每小时赚37美元小费（几乎跟经期差不多），而没有服用避孕药的舞女平均每小时赚53美元。如果推而广之，你可以想象，避孕药对女性的吸引力会产生同样的副作用。

吸引男人的招数

我们绝大部分人都不是舞女，但是我们几乎都去过酒吧，那可是个充满本能欲望的地方。我们可能也没有想到，关于酒吧的研究非常活跃。这是真的。即使是门庭冷落的酒吧也会引来研究者的关注。来这里的人，有泡妞的、有偷汉子的、有醉后一夜风流的，当然，偶尔也有忠贞不渝的。然而，这里发生的事情还是没有远离前几章所说的内容。回忆一下关于昂贵卵子和廉价精子的章节。不管进化心理学家会怎样想，在这里，一切遵循着同样的逻辑。也就是说，即使在这样的环境里，女人依然占据着绝对的主导地位。所以，你可以抛弃所谓的男性是进攻者而女性为掌中玩物的刻板论调。因为研究显示，女性优先，用生物学家的话说就是，女性占有主动权。

但这并不意味着女士可以径直走到男士的身后，拍拍他的背，请他喝一杯。研究显示，采取主动的女性并不被看好。但是别忘了，爱之舞蹈并不是简单的一问一答，而是包含着各种微妙的（通常是非语言的）传情达意。

我们来简单地验证一下这条规则的实用性。很多女性会时不时地发觉某位男士对自己有好感，却不知道怎样让他接近自己。其实，方法很简单：眼神交流，尤其是再加上莞尔一笑。你会问，眼神交流以多少为宜呢？答案还是很简单：多多益善。对此，多数女性恐怕难以接受。研究人员在 1985 年设计了一项简单的测验，让一位迷人的女士锁定 3 米之外的一位男士，然后试验她用什么办法可以在 10 分钟内把这位男士吸引过来。他们用了好几种方法：一次媚眼，多次媚眼，带微笑的以及不带微笑的。如果你是一位相信男性应该采取主动的女性，那么，我们的发现会让你感到震惊，男人不仅需要鼓励，而且需要很多的鼓励；次数不止一次，方法也不止一种。几次媚眼抛过，如果不带微笑，那么，成功的几率顶多 20%。要获得较高的成功率，不仅需要多抛媚眼，而且还要带着微笑。实验证明，女性用媚眼加微笑，可以吸引 60% 的男性与之接近并主动搭讪。

眼神交流只是女性的利器之一。那么，除了媚眼和微笑之外，女性还能做什么呢？心理学家莫尼卡·摩尔（Monica Moore）根据数千小时的观察，把女性用来调情的非语言信息归纳为52种。比如，打扮、微笑、点头、鞠躬、舔唇、拨弄头发以及抚摸物品等这是一类。然后是瞥一眼（灼热或留恋）。然后是咯咯笑、撩裙子、摸胸部等。然后是跳独舞。以此类推，招数越来越复杂也更需要精心准备，比如，粉颈半露（在动物界中是投降的暗示）和婀娜步态（表意功能很明显）。摩尔还按成功率将这些招数进行有效性排序，比如，“冲他咧嘴笑”远远没有“莞尔回眸”和“应声起舞”来得更有效。对于想学到全套攻略的女士，我推荐阅读摩尔的“女性非言语求偶模式”（Non-verbal Courtship Patterns in Women），这篇文章发表在期刊《行为学和社会生物学》（*Ethology and Sociobiology*）1985年7月版上。对于担心自己魅力不足的女性来说，还有一个更好的消息，发出暗示的多少与成功率的大小有关。摩尔认为，成功率最高的女性，不是最有魅力的女性，而是发出暗示次数最多的女性。平均每小时暗示35次的女性，平均每小时获得4次被男士接近的机会。显然，一小时35次暗示不是一件容易的事，尤其是对于腼腆的女性来说，但是，本书从来没有说过爱之舞蹈是件容易的事。

男性非主动

男人是不主动的。有的女性读者也许会疑惑，男人为什么不主动？为什么非要女人主动？按照常理，应该由男性采取主动才是。然而，这个常理看来是大错特错了。摩尔的研究发现，酒吧里男女邂逅，其中的2/3是由女性通过非言语暗示首先发起的。大部分男士都不会主动跟女性接近（研究人员称之为“不情愿男性”）。这一点可以供饱尝无尽等待之苦的女性聊以自慰。更为糟糕的是，大多数时候，男性不能理解女性的暗示。正因为如此，女人在得到男人的回应前不得不一次又一次地暗送秋波。事实上，女性对自己的暗示一般比男性更有意识。有的女性读者可能讨厌用暗示来吸引男士，米·怀斯特①给诸位提了一句忠告，“与其没人看，不如让人看”。不过，反过来，同样的逻辑却不适合男性。男性读者可不要就此效法，因为贸然出击会适得其反，往往会降低自己的吸引力。

我们甚至可以说女性吸引男性的做法应该像对待弱智儿童那样。是哪一类弱智？研究发现，即使是女性发起的接触，男性还是认为自己掌握着主动。遗憾的是，大部分男性比女性更容易忽略非言语暗示，当然，不是说他们没有反应，也不是说他们不会主动发出暗示，而是说他们对非言语暗示（发出和接受）的意识比女性的差。由于男性在这方面比较迟钝，所以即使是像拒绝这样的暗示，女性也要比男性表达得更有力度，因为男人往往比女人打得折扣多。

只要考察一下男性和女性是怎样描述引诱术的，你就会发现男性是多么的健忘。生物学家蒂莫西·珀坡进行了一项研究，要求男女被试描述自己引诱异性的经历。女性的引诱术犹如克

① 米·怀斯特（Mae West，1893－1980）：20世纪30年代美国著名的女演员、歌手和剧作家。她是好莱坞第一个性感女明星，以提倡性解放而著称。

娄巴特拉[1]的妩媚一般。女士们往往都能详细描述自己的引诱策略：从建议回“自己的住所”，到夸对方的体魄、主动给对方揉背、播放轻音乐，到抚摸触碰等等。相比之下，男性的描述却特别含糊。一位男士写道：“我可能想试探她是不是想做爱，然后，就随她了。”看来详情只能靠女性来回忆，而且，他连当时是怎样试探的都记不起来。另一位男士写道：“我会想些办法来引她就范。”这是答非所问。一位男士写道：“引诱对我来说是一个很模糊的字眼。”这句话对多数男士来说可能很有代表性。上述答案给人的感觉是，要是女性不采取主动（女性比文化传统所说的要主动得多），人类这一物种可能会不复存在。按照生物学家珀坡的观点，超过87%的女性说，自己愿意采取主动。在我的访谈中，大部分女性都承认，多数情况下自己会采取主动。

但是，在做爱这一问题上，女性的回答转而变得模糊，而男性的回答却非常清楚，而且很详细，比如，吮吸耳垂、爱抚身体部位等等。这就是说，在开始阶段女性扮演着关键角色，当引诱发展为肉体关系时，男士开始转被动为主动。生物学家

---

① 克娄巴特拉（Cleopatras，公元前69－前30年）：亦称“埃及艳后”。克娄巴特拉是埃及托勒密王朝末代女王，埃及国王于托勒密十二世和克娄巴特拉五世的女儿，以美色著称。《不列颠百科全书》说她“朱唇动情，下颌透着坚毅，眼若秋水，前额宽阔，鼻梁挺直”。世界史上三位最重量级的罗马人——恺撒、安东尼、屋大维，他们的人生都和这位“埃及艳后”的生活难解难分地纠缠在一起。传闻克娄巴特拉容颜娇媚如花，曾利用其绝世姿容和超群气度先后征服了两位罗马统帅，恺撒和安东尼为她效力，引发了许多重大历史事件，甚至可以说是改变了世界历史发展的进程。

珀坡把这叫做“浪漫分工”。

完成了上述研究之后，我开始认识到，我自己对暗示没有意识，几乎到了麻木的境地。我记得第一次吻女孩子的情景。她不止一次地向我暗示，我站在她家的门口，一边跟她说话，一边幻想下一步能出现奇迹。幸运的是，最后是她帮我摆脱了痛苦的折磨。她问我愿不愿意吻她。我想，她通过提问的方法避免了太直白的尴尬。这给我以后的恋爱行为定下了基调。直到现在我还会想，当年自己是怎样跟女孩约会的。我通过对男士的访谈发现，我这种反应属于平常行为。在我介绍了本章的一些研究之后，他们中有很多人都希望了解怎样更好地解读非言语传播。

求爱五步曲

本来是想用“爱之舞蹈”做个比喻，结果看来，这个说法并无不妥。男女在酒吧邂逅被精心编排得如同交际舞一般。我们来考察一下这对“双人舞”。很多像大卫·吉文斯[1]和蒂莫西·珀坡[2]这样的研究者对酒吧问题进行了大量的研究，为我们提供了理论参考。他们把爱之舞蹈视为科学，或者至少视为一种精心策划的舞蹈，其中每个步骤都是实现求爱目的的必要环节。按照珀坡的《性与暗示》一书的划分，求爱过程包括5个步骤：

---

① 大卫·吉文斯（David Givens），人类学家，代表作有《爱的信号》。

② 蒂莫西·珀玻（Timothy Perper），生物学家。

1. 接近；

2. 搭讪；

3. 正对（这里指两人逐渐调整身体位置，直到正面相对）；

4. 触摸（一般由女性发起，所以，女士们，主动权还在你们手里）；

5. 共振（这里指彼此吸引，互相模仿。最新研究显示，共振不只模仿，还包括声调高低、对视时长等）。

[吉文斯也把求爱过程分为5个基本步骤，范围比珀坡的更宽泛，但方法大同小异：吸引、认同、搭讪、触摸和做爱。]

求爱过程的持续时间可长可短，有的几分钟，有的几小时，不过，按照珀坡的观点，要想进展顺利，必须遵循一定的规则。每一步都是一个升级点，任何一方对任何一个升级点的反应都至关重要。比如，甲方抚摸乙方，如果乙方置之不理，这就可能偏离航向，甚至搁浅。还有，在这五个阶段中，双方暗示的强度应该从低到高。举个简单的例子。一位男士想表达对一位女士的爱慕之情，他说，“你太漂亮了”（强暗示），但女方的回应却很淡漠（“呃，呃，这里的光线太暗了”）。于是，这位男士只好调整自己的情绪，结果，他们的关系开始降级。珀坡还发现，推动关系升级的往往是女性。

你大概想跑进最近的一家酒吧去试试身手。且慢，我还有一点需要提醒你：上述步骤往往是在不经意间发生的。如果你想玩点儿花招，那可要冒很大的风险，因为，一旦对方发现你的意图，那你只好跟自己的机会吻别了。那么，应该怎样去回应一个人呢？研究显示，最好不要做得太完美，而且尽量在做出每个回应之前，留出几秒时间差。我的建议是，顺其自然，所谓“规则”无非是用来判断两个人是不是真的有共鸣。

对于渴求觅得酒吧浪漫情的男女朋友，我的最后一条建议是：等到最后。研究人员在一家大学的酒吧里，请没有伴侣者评价当晚酒吧里的异性的吸引力。实验分别在9点、10点30分和午夜三个时间段进行。结果发现，不论男女，时间越晚，他们对异性吸引力的评价就越高。男性的反应比女性更明显。研究人员假定这个结果是酒精在捣乱，但事实证明，评价的变化跟酒精的作用无关，由此说明，实验是有效的。所以，如果能坚持到最后，你可能会成为幸运儿。

为性多说几句

再次回到性的问题上来。这并非老生常谈，我只是想再次提醒女性们，在性对象的选择和交出贞操的时机上一定要谨慎对待。很多研究都显示，有些女性把性作为诱惑男性跟自己保持长久关系的手段，但这是一着险棋。女性最有可能成为研究者所谓“情感转移”的受害者。一项研究显示，第一次做爱之后，男女双方对彼此的感觉会发生变化，这个变化给女性对长久关系的期待画了个休止符。对女性来说，第一次做爱后的情感转移是正面的，也就是说，在此之后，她们会更加关心对方。这里显然有进化因素的作用，女性需要有人来帮助抚育子女，所以，由于生物本能的驱动，女性更愿意发展长久关系。而这恰恰也是女性需要谨慎对待性伴侣关系的另一个原因。虽然女人在最初也有图一时之快的感觉，但是，第二天早上醒来，她们往往会发现，自己对身边的人竟然产生了不该有的依恋。

但是，男性——至少是一部分男性，对第一次做爱的反应却完全相反。对于有很多性伴侣的男性来说，跟某个女人发生第一次性关系，就意味着这个女人的吸引力开始相对折损。同样，这也是进化因素在作祟。成功引诱一位女性后，他可以开始寻找新的目标，以便使自己的基因获得更多的遗传机会。与此相比，对于没有很多性伴侣的男性来说，第一次性关系后，女性的吸引力则不会出现折损。这也有进化论的道理。因为不能多引诱女性，所以才愿意把完成遗传竞争的使命最大限度地寄托在一个女人身上。女性的反应却没有这样的差异。第一次做爱后，性伴侣多的女性与性伴侣少的女性反应一致：都希望发展长期关系。这样看来，有些女性企图利用性关系来引诱男人并与之保持长期关系的想法只是一厢情愿。

我如何爱你

当然，这个问题只有当你锁定了目标才有意义。那么，科学能帮助我们解密爱情吗？除了告诉我们如何选择伴侣，科学能告诉我们应该选择什么样的伴侣吗？答案恐怕不能让你满意。不过，我们惊奇地发现，尽管很多书都强调男女如何不同，但是，在对待长期的两性关系问题上，男女之间的态度却十分相似。其实这也没什么可奇怪的。男女之间的分歧主要集中在选择短期还是长期的爱情策略上。一旦成为夫妻，那么，当个好丈夫的标准与做个好老婆的标准，也就没有本质上的差别了。

除了外貌之外，我们还看重一个人的哪些方面呢？我们希望那个人是爱我们的、独立的，而且是有地位的。当然，男女注重哪些方面并非一成不变。2001 年发表于《婚姻与家庭》[①]杂志上的一篇文章，对比了 20 世纪 30 年代和 20 世纪 90 年代的相关研究，结果发现，两个时间段里男女的关注点既有变化又有继承。不论男女，彼此的爱慕与吸引变得更加重要，这证明“浪漫情结”的垄断地位得到了提升。男人不像以前那样爱干家务了，家庭经济建设越来越重要。不过，从整体上看，男女双方对配偶的要求出现了融合的趋势。

那么，你到底应该选择什么样的伴侣呢？为回答这一问题，各种有关人格的测试和研究层出不穷。如前所述，许多这样的测试已经发展成为某种形式的网上恋爱服务。其宗旨是帮助人们预测什么样的人跟自己更般配。有一个简单的二分法原理可以让我们避开这些繁复的理论。这个原理就是从好坏两方面看问题。先看坏的一面：世界上根本不存在什么揭示男女情缘之谜的公式。这几乎是一种常识，尽管不少网恋服务总是与之背道而驰。而好的一面是：如果你放弃寻找“爱的唯一”的完美理想，那么，确定自己喜欢什么样的人就是一件很简单的事情。

---

① 《婚姻与家庭》（*Journal of Marriage and Family*）：创刊 70 多年，一直是婚姻家庭领域的领军杂志，着眼于这一领域的原创性研究及理论、相关研究的翻译以及相关研究的评论等，研究范围涵盖较广。

我可以给你一些建议，虽不能保证让你如愿以偿，但至少可以帮你少走弯路。

我在上文里说过，我们的追求有一个共性，这个共性可以归结为三个方面。这三个方面有各种不同的变量，而且每个人给予的权重也各不相同。但是，对于建立长久关系来说，这三个方面是最基本的，这就是：热情/忠诚；活力/魅力；地位/财富。

这三者包含着多种可能性，但有一个方法可以使范围缩小。研究发现，人的自我认知与对伴侣的期待有着紧密的联系。如果你认为自己忠诚至上，你会期待对方有这样的品质；如果你看重情感，你会期待对方能善解人意。事实上，最近一项研究发现，我们都期待找到一个比自己稍优秀一点儿的人。因此，你会希望找一个比自己更忠诚、更感性的人。这一条对女性来说更实用，因为——重复先前的话——女性更挑剔。所以，挑选伴侣的第一步是，弄清楚自己到底更看重哪些品质。

男女所看重的品质也非常相似，这一点也不足为奇。1990 年的一项研究显示，男女都把热情和体贴视为最重要的品质。对于智商问题，如果只是约会，男女都认为中等偏上为好，假如发生性关系，男性希望对方智商中等偏下，而女性则希望对方智商中等偏上。女性比男性更看重忠诚。大卫·布斯[①]认为，忠诚是女性衡量男性的核心概念。此外，女性也更看重幽默感。

---

① 大卫·布斯（David Buss，1954 年 4 月 14 日—?）：美国得克萨斯大学心理学教授，以伴侣选择过程中人类不同性别的进化心理学研究而著称。

男人的法宝——幽默感

幽默感是男人的法宝。只要你浏览一下征婚广告，你就不难发现幽默感具有何等的价值。每个人都希望自己的伴侣具备幽默感，没有人承认自己缺少幽默感。不论男女，只要问及看重对方什么品质时，幽默感几乎都排在首位。为什么会这样呢?研究人员进行了一项很有趣的研究，我们可以从中看出这其中的奥秘。研究者让一组女性阅读关于不同男性的故事，而故事与故事之间的区别主要是男性幽默感的不同：有的故事里，男主人公有很强的幽默感；而在另一些故事中，男主人公的幽默感一般；还有一些故事，男主人公的幽默感很差。研究发现，幽默感很强的男性被女性读者赋予了其他所有的优秀品质。在女性的眼里，他们更感性、更随和、更快乐、更聪明、更强壮，甚至更高大。所有这些附加的品质并不是故事里讲到的，而是男性的幽默感带来的。换句话说，女性把幽默感当作了诸如创造力、聪明等许多其他品质的代名词。于是，在所有优秀品质的榜单上，幽默感总是自然而然地位居前列，这不仅因为幽默感本身的重要，更重要的是，在人们眼中拥有了幽默感就等于拥有了其他优秀品质。

这一思维对人们的影响是深远的。研究人员把幽默感与女性的生育周期联系起来，结果发现，处在生育高峰期的女性，在寻找短期伴侣时，对幽默感强的男性的兴趣会急剧上升，而对幽默感一般或较差者的兴趣却没有变化。这表明，幽默感也是优良基因的代名词。幽默感如此受宠，也算当之无愧。一项研究显示，女性对伴侣幽默感的评价可以反应她们对伴侣关系的满足程度。当然，在幽默这出戏里，男女各自扮演不同的角色。研究表明，男人喜欢讲笑话逗女人乐，女人则喜欢被男人的笑话逗乐。

遗憾的是，这并不是什么恋爱真经，充其量是在你寻找伴侣之时，帮你弄弄清楚，大体应该关注什么。对于每个个体而言，谁缘何爱上谁，那还是说不准的事儿。

大脑对爱也上瘾

聪明的读者可能会想，从讲述艳舞舞者开始，我们介绍了那么多求爱的技法，可是，好像没有哪一条属于主观控制的范围。既然吸引力跟女性生育周期之类的事相关，那么，谁还会在乎谁的秋波送给谁呢？你这样质疑是有道理的。虽然说这个疑问不能推翻上述各章的结论，但它的确引出了一个未知的领域，而这一领域恰恰是最有影响力的因素，这个领域就是：我们体内的化学物质。正是它决定着从味觉到排卵期到荷尔蒙等等我们所控制不了的信息。

许多最新研究表明，恋爱会使人的大脑产生奇怪的反应。科学家通过功能磁共振成像扫描（functional MRT scans）发现，爱的冲动能够激活与痴迷、狂热、中毒等一样的大脑回路。研究显示，恋爱中的人看到对方照片时，在大脑里被激活的区域与可卡因所激活的区域相同。恋爱中人的体内苯乙胺（PEA）

含量很高，这是一种天然的安非他明（amphetamine），巧克力就含有这种东西。可能就是这种东西使恋爱中的人突然兴奋起来，可以彻夜不眠。神经精神病学家卢安·布里丁尼通过比较发现，恋爱中人的大脑活动与吸食可卡因者的大脑活动很相似。当人们谈到伤心事的时候，往往是直言不讳。遭到拒绝能激活与肉体疼痛一样的大脑回路。事实上，恋爱改变了大脑的回路。在这一过程中会产生一种叫做催产素（oxytocin）的物质，这种物质除了催生人们的陶醉感之外，还消解过去的神经网络联系，使大脑更容易接受新事物，比如，用一段新的恋情来填补旧情逝去之后心里那段空白。

上述这些特征，比起性器官脑区在整个大脑中的实际空间，那就没什么新奇的了。斯特凡·克莱因①曾写道："人体器官的大小，如果按照它们在大脑中所占空间大小的比例来安排，那么，人的阴茎和阴道的大小要比人的上体大得多。"事实上，说大脑本身是最重要的性器官一点儿也不牵强，而且，正如海伦·费希尔②所说，对爱的追求跟饥饿、口渴一样，是大脑的一种基本驱动。

恋爱，甚至平常的渴望，会调动一系列化学物质来参与，比如多巴胺（dopamine）、去甲肾上腺素（norepinephrine）、苯乙胺（phenylethylamine）、催产素（oxytocin）和加压素（vasopres-

---

① 斯特凡·克莱因（Stefan Klein）：1965年出生于德国慕尼黑，拥有生物物理学博士学位。1999－2000年在《国家地理杂志》（*Geo*）担任编辑。1998年获得乔治－冯－霍尔茨帕林克科学新闻奖（Georg-von-Holtzbrinck-Preis）。2000年出版了《宇宙创造的日记》。目前为自由作家，居于柏林。

② 海伦·费希尔（Gekeb Fisher）：美国罗特格斯大学的教授，人类学家。

sin）等。当然，就大脑的反应而言，男女双方存在很大差别，如恋爱中的男女大脑反应的区域就有所不同，而且，这种不同还反映在其他许多方面。比如，女性的性欲比男性的性欲更难以捉摸。肉体的迹象，比如下体潮湿或胸部肿胀，并不一定表示性唤起或者性渴望。有一项研究表明，男性观看裸体女性的录像可以产生性唤起，而女性在观看裸体男性的录像时，就像面对冰封的雪山一样，完全无动于衷。真正能让女性唤起的是放纵的程度。一旦达到某个临界点，女性的欲望便一发而不可收拾，简直让男性汗颜。她们不但对男性的裸体录像有反应，甚至对女性的裸体录像也有反应。另一项研究发现，她们甚至在观看黑猩猩性交录像时也会被唤起（而男性却没有这种生理反应），尽管她们并没有意识到自己有这种反应。

有关神经化学的研究可以帮助我们深入了解性吸引的特征。比如说，欲望的消退是所有夫妇面临的一个普遍问题，而且还不单单局限于人类，研究者称之为“柯立芝效应”，因为它与柯立芝总统和第一夫人之间的一个小故事有关。故事是这样的，柯立芝夫妇各自去一个政府农场参观。柯立芝夫人注意到一只公鸡踩到一只母鸡的背上，她问公鸡多久交配一次，回答是一天几十次，夫人说：“把这个告诉总统。”柯立芝总统听到这话后就问，公鸡是不是总跟同一只母鸡交配，回答是公鸡跟不同的母鸡交配，总统微笑着说：“请把这个告诉夫人。”

现在，科学家们可以通过检测动物交配前后体内多巴胺的水平来证明“柯立芝效应”（多巴胺可以刺激人们去实现自身目标，因此被称作“欲望分子”）。有一项对老鼠的最新实验，当雄性老鼠见到一只新的雌性老鼠时，它体内的多巴胺上升了44%，并且继续升高，直到交配后，才开始迅速下降。这只雄性老鼠与同一只雌性老鼠第二次交配时，它体内的多巴胺变化减少，经过数次交配后，则基本保持正常水平。如果再拿来一只新的雌性老鼠，雄性老鼠体内的多巴胺上升了34%。在当今这个年代，性关系的随便已不再罕见。上述关于化学物质的研究提醒我们，对于寻求长期伴侣的人们来说，最好的选择是延长求爱时间。不过遗憾的是，总是有放荡的人存在，正如老人们常说的“若能得到免费牛奶，谁还会去买奶牛”。这句话还真在理儿。

人类大脑的“怪癖”机制对这种现象起了推波助澜的作用。面对挑战，大脑只是对峙，只有到了非动手不可时，才肯做出激烈对抗。刺激多巴胺分泌的是对回报的期待而不是回报本身。我们或多或少都有过类似的体验。不妨回忆一下，最近一次你特别想得到某件东西，你得到了，可是，成功的喜悦却远远没有期待时那么兴奋。事实上，即使是没有意义的目标，比如玩游戏达到某个新的级别，也可以刺激我们的神经元，让我们心跳加速。由此观之，对于女性来说，使男性多巴胺分泌增加并对自己的吸引无法抗拒的最好策略，就是把跟自己发生性关系变成一个挑战性的目标。如果对男性来说，想得到性关系必须付出努力而不是轻而易举，那么，女性或许能使男性的多巴胺分泌维持在一个较高的水平上。不过，一旦性关系发生了，男性的多巴胺水平和欲望都会下降，这是不可避免的。

气味的魔力

当然，一旦科学家们开始从化学上为爱情寻找根据，那么，他们很快就会发现，原来吸引力的基础往往不是黑夜里陌生人之间眼神的交流，而是彼此之间气味的传递。在相当长的时间里，科学家们不承认人与人之间可以通过气味相互吸引。但是最近几年，科学家们发现气味不仅能够而且经常起到产生吸引的关键作用。这个观点让我想到了我最喜欢的一项实验——“臭汗 T 恤测试”。

本来应该找比汗臭 T 恤更难闻的东西。按照科学家们的要求，应该拿尿液做样本才对。最初发现气味会影响人的相互吸引力不是通过人体实验，而是通过对老鼠的实验。具体涉及的是 DNA 序列中叫做“主要组织相容性复合物”的片段，简称 MHC，它是由分布于一条染色体上的 50 多个基因序列组成。这些基因序列各不相同，因为，MHC 作为人体内针对疾病和攻击的预警系统，必须有识别各种攻击的能力。

MHC 有一个显著的特点：它是共显性的，而不是显性（Dominance）的。在显性基因控制着性状（比如说眼睛的颜色）的情况下，父母双方只有一方的基因可以在子女身上表现出来。但是，对于共显性基因来说，父母双方的基因在子女身上同时发挥作用。对于抵御疾病来说，这是非常有利的：如果父亲的基因对某一疾病的某种变体有免疫力，而母亲的基因对同一疾病的另一变体有免疫力，那么子女就对这一疾病的两种变体都具有免疫力。

我们再回到那个老鼠实验来。如果一只雌性老鼠可以从两只雄性老鼠中选择一只进行交配，那么总是倾向于选择那只MHC和自己差别最大的老鼠。这么做的道理很简单，就是增强后代的免疫力。那么，它是如何选择的呢？闻雄性老鼠的尿液。这个发现让性研究者目瞪口呆，因为人可没有互相闻尿液的习惯。不过后来，研究者偶然有了一个非常有趣的发现：人可以闻出老鼠之间的区别，依赖的是MHC，而不是它们的尿液。基于这个假设，瑞士生物学家克劳斯·维得坎德设计了一个实验，测试女人是否可以闻出男人MHC的差别（女性的味觉比男性要敏感），于是，著名的“臭汗T恤实验”就诞生了。与先前讨论的其他实验相比，维得坎德的这项研究更为人所熟知，但研究成果仍然值得深入探讨，因为促使人们对气味产生偏好的关键要素并没有得到很好的解释，而且，避孕产生的重要作用也经常被人们忽略。

80多名大学生参与了这项实验。研究者给每位男大学生一件棉T恤，让他们连续两晚穿着这件T恤睡觉。为避免某些特殊嗜好对实验的影响，参与实验的男性不能吃辛辣食物、不能吸烟、不能喝酒，还有，不能碰除臭剂、古龙水或带香味的香皂，当然也不能有性生活。然后，他们的T恤被放在密封的塑料容器中。

参与实验的女性也需要为实验做些准备：试验开始前两周，她们用喷鼻剂保护鼻黏膜。然后，等到生育期前后、嗅觉能力增强的时候，她们开始实验。装着男性穿过的T恤的容器被放置成一列，每一个容器顶端有一个小口。每位女性先深吸一口容器里的气味，然后，对每位男性 T 恤的性感程度、舒适程度以及气味的强度进行评估。研究的结果消除了人们先前的疑虑，证实了气味与吸引有关的说法。

这项研究发现，女性对男性气味的评估完全取决于彼此 MHC 性状的重叠度。每个人的 MHC 性状都有自己的特征，某位女性感觉舒服的气味，另一位女性不一定喜欢，而且，如果缺少基因测试，那么，要预测女性会被什么气味吸引是很困难的。比如说，种族差异对气味与吸引的关系就不会产生很大的影响。这些认识完全出乎人们的意料。还有，男性的 MHC 性状差异越大，也就是说表现得越特殊，那么，女性对其气味的感觉就越舒适、越性感（另有一项研究发现，过分特殊也不好，因为如果没有共性，那么，女人也就不会对男人的味道感兴趣）。

实验结果也说明，这种现象不仅仅局限于实验室。被试女性们表示，钟情的味道会让她们想起现任男友或者前任男友，也会想起 MHC 性状跟自己相似的男性，但是前者的几率是后者的两倍，可见，在现实环境中，气味对伴侣选择也会产生很大的作用。当然，不管是哪一种 MHC 性状，很重的体味是不受欢迎的。研究者认为，很重的体味往往表示患有某种疾病，所以，女性的基因里就产生了对浓重体味的厌恶，以此作为避免找到携带不健康基因伴侣的手段。事实上，体味也是一种遗传适应的表征。另有一项研究显示，女性认为身体对称男性的体味要比身体不对称男性的好闻。

还有一项令人惊奇的发现：服用避孕药的女性与不服药的女性相比，两者对味道的喜好刚好相反，服药女性喜欢 MHC 性状跟自己相似的男性的气味。之所以会出现这种异常，是因为，从遗传上来讲，女性认为有相似 MHC 形状的男性的气味使他们想起了父亲或者兄弟的味道。从传统上来讲，女性在怀孕期间会跟家人待在一起，以获得相应的保护和照顾。这点进化记忆显然上了科学避孕法的当，因为药物的作用使女性的身体误认为是处于怀孕状态。其实，这还不算太糟。另一项研究显示，服用避孕药的女性更倾向于用一种柏拉图式的爱情观看世界。这种态度显然对单身女性是很不利的，因为这有可能使她们盲目地去追求浪漫。

夫妻之间如果 MHC 基因相似也会出现各种矛盾。研究显示，MHC 性状相近的夫妇比 MHC 相异的夫妻更难怀上孩子；医生还发现，MHC 相近夫妇的流产率更高。而且，MHC 基因相近甚至会影响性忠诚度。伴侣之间 MHC 相似性越高，那么，其中女性对伴侣的性责任感越低，被其他男性吸引的可能性也越大，而且，与其发生性关系的可能性也多大。如果夫妻间有 50% 的共同性状，那么女性就有 50% 的越轨可能。这些研究说明，期盼长相厮守的女性，应该少用避孕药。我们想蒙骗自然，结果蒙骗了自己，损坏了伴侣选择的一个重要因素——气味。

如果哪位女性决定远离避孕药了，那我不得不提个醒，使用避孕套有一个意想不到的弊端：无法获得精液带来的裨益。这话听来比“臭汗 T 恤实验”还要荒谬，但事实的确如此。你可能不敢相信，精液中的化学物能被阴道壁吸收，这其中含有作用力很大的兴奋物质（在胃里很难被消化，所以口交没有这个效果）。最近一项研究表明，不用避孕套或经常有性生活的女性，比用避孕套或没有性生活的女性，患忧郁症的要少。

当然，女性可能生来就懂得气味的重要性。在我访谈的女性中，几乎都认为气味对择偶起着重要作用，有些甚至说，只要一“闻”，就知道是不是那个他。有一位女士甚至说自己喜欢闻男友的腋下，而且是在洗澡之前。除了沃尔特·惠特曼①，我再没听过有这种偏爱的女人。我们的社会是讲卫生的，女性难得有机会通过闻男人气味来决定取舍，这就不难理解为何接吻在恋爱关系中扮演着如此重要的角色。其实，我们的唾液里也含有 MHC 基因信息，接吻可以帮你找回每天被淋浴冲刷掉了的遗传密码。不过，你不要太相信你的鼻子，再敏锐的嗅觉也会被香味迷惑。你要做的是，想尽一切办法去闻纯天然的体味儿。

女性荷尔蒙

人体的化学物质，尤其是荷尔蒙，还可能是引发女性朝秦暮楚的重要因素。比如说，生育周期会引起女性对男性偏好的变化。研究表明，在月经期，女性认为很阳刚的脸更有吸引力，但是在其他时候，则更青睐比较阴柔的脸（其他特征，比如声音，情况也大致相同）。此外，女性在月经期更钟情于身体匀称的男性的气味。阳刚的脸和对称的体型是健康的标志，所以，按照进化论的

---

① 沃尔特·惠特曼（Walt Whitman，1819 年 5 月 31 日 - 1892 年 3 月 26 日）：美国著名诗人、人文主义者，其代表作品是诗集《草叶集》。在第五版《亚当的子孙》（*Children of Adam*）中《我歌唱带电的肉体》（*I Sing the Body of Electric*）一节，歌唱了包括腋窝、汗液在内的肉体各个组成部分。

观点，女性在潜意识里发展了偏爱这些遗传优点的习惯。有趣的是，如果不在月经期，女性并不偏爱身体对称男性的气味。这可能因为女性在潜意识中认定，基因优秀的男性不会是最忠诚的伴侣。由此，我们可以看出，进化的路径是多么曲折。

女性的行为甚至会因其他女性的气味而有所变化。有一项研究，让被试女性接触哺乳期女性的气味，结果发现，她们的性欲提高了 17% ~24%。胆子大的女性甚至可以拿自己的交配外激素（copulin）来做个试验。这是一种阴道分泌的脂肪酸（fatty acid）。有一项研究发现，男性对交配外激素的气味感觉很不舒服，但这种气味会影响他们对女性的感觉。闻过这种气味的男性被试，对照片上的女性的吸引力评价更高，他们的睾丸素（testosterone）水平也会随之升高，而且，女性长得越难看，他们对其照片的吸引力的评估会越高。如果男性也想来个大胆的尝试，那就拿自己的汗液让女性闻闻。有一项研究，先让女性评估男性的脸，然后闻男性腋下汗液的气味，接着对男性的脸重新评估。闻过汗味之后，女性的评估指数大幅度升高。

气味、排卵期等这些因素，不仅可以影响对长相的评价，而且还可以改变对个性的偏好。杰弗里·米勒和马蒂·黑斯尔顿进行的一项研究中，女性被试阅读男人的故事，故事里所描述的男性有两类：一类是能干的穷光蛋，另一类是有钱的窝囊废。接近生殖期高峰的女性，如果为了短期关系，那么，他们更钟情于能干的而不是有钱的。这个结果证明，排卵期的女性对伴侣的选择与往日不同，她们在好基因与好丈夫之间，更倾向于前者，这一点在不打算长相厮守的前提下表现得更明显。

其实，连婚姻本身也会影响女性对伴侣的偏好。另一项关于气味影响女性选择的实验发现，已婚女性偏爱居于强势的男性，而单身女性却不是这样。研究者认为，单身女性关心的是伴侣的可靠性，一旦没了这个顾虑，她们便转而看重基因的质量。女人为什么老是抱怨说好男人总是剩不下呢？原来是月经在捣乱。2008 年的一项研究显示，处在生殖期低潮时的已婚女性认为，有伴侣的男性更吸引人；而生殖期高潮时的女性更倾心于单身男性（前提是男性要阳刚）。同样，这个变化正好对应于好基因还是好丈夫的对比：生殖高潮的女性喜欢单身、阳刚，目的在遗传基因；生殖低潮的女性愿意找长相厮守的，目的在生活的保障。这样看来，女性先不必着急下什么好男人太少的结论，因为问题可能恰恰出在自己的生殖周期上。

男性荷尔蒙

不必担心，女士们。男性也同样受体内化学物质的摆布，只是摆布的方式有所不同而已。我们再回到那个“臭汗 T 恤试验”上来。

研究者针对男性进行了类似的实验。他们给每位女性被试发一件棉 T 恤，让她们在生殖期的不同阶段穿，然后让男性闻 T 恤的味道。结果发现，引起男性敏感的东西不是 MHC 性状，而是女性的生殖周期。在男性对 T 恤气味的舒适感和性感的评估中，处于排卵期或者即将进入排卵期的女性比接近月经期的女性得分要高很多。另一项研究表明，女性在月经期间感觉伴侣更可爱、更殷勤，而且对别的男人更嫉妒。也就是说，男性不仅有办法把目标锁定在女性的免疫性状上，而且也有本事判断女性是否处于生殖高峰期。男人的这个本领不仅在试验中表现出色，在现实生活中也屡试不爽。一项关于酒吧的研究发现，男性更倾向于主动与排卵期的女性搭讪。这一切都跟进化论的观点相吻合。男性只是希望跟尽可能多的生殖高峰女性发生性关系，所以并不在乎她们的基因是否健康。但对于女性而言，每一次怀孕都需要巨大的投入，因此，我们不难理解，女人们必须把心思集中在如何最大可能为孩子获得最好的遗传基因上。

男性也同样因荷尔蒙的折磨而染上朝三暮四的毛病。男性的睾丸素每天都要经历多次峰谷变化，不过，这不妨碍它对心情、攻击性这些更重要的性格特征的表征功能。有些男性天生睾丸素不多，这对社会是有利的，因为，如果男人都想当大王，那争斗就永无休止了。我们会经常像《的士司机》那样冷面相对："你在看我吗?""不，.是你在看我。"

生活中的重要改变也会影响男性体内的睾丸素。男性有稳定的性关系时，睾丸素基线下降。比如，已婚男性比单身男性的睾丸素含量低；已婚而且生子的男性又比已婚而无子的男性的睾丸素含量低。而当性关系不稳定时，睾丸素含量又会上升。睾丸素含量高的男性在恋爱关系中更具有攻击性。有一项研究，不同的男性为吸引同一女性展开竞争。睾丸素含量高的男性会取笑和批评对手，连对手讲的笑话都不屑一顾。期待长相厮守的女性，尽量不要找睾丸素多的男性，因为这种男人愿意结婚的少，拈花惹草的多，而且打老婆的多，离婚的也多。

母亲的香水

有一项研究，弗洛伊德学派的人听了会大喜。一般来说，男性很少有谁想跟自己的母亲发生性关系，但是，研究发现，确有不少男人偏爱能唤起母亲印象的女性，至少我们从动物王国那里得到的启示是这样的。有一项研究，让雄性小老鼠的妈妈带上柠檬的气味，然后，让这些雄性老鼠与雌性老鼠交配，这些雌性老鼠有的带柠檬的气味，有的则不带。果然不出所料，雄性老鼠以更快的速度追逐有柠檬气味的雌性老鼠，而且交配的速度也更快。我访谈过的一位男士承认，他跟一位女性建立了恋爱关系，因为他喜欢她的香水的气味，后来他才发现，他母亲用的就是那种香水。

幸运的是，我们的身上发展了一种机制，可以防止个人发生俄狄浦斯[①]的悲剧。有一项关于以色列集体农场（kibbutz）婚姻状况的研究。这种农场有传统的组织结构，男孩和女孩生长的环境相近，同一个农场里的孩子们像兄弟姐妹一般。研究发现，在同一农场里长大的孩子互不通婚，当然也没有出现乱伦的情况。在 2796 对夫妻中，只有 13 对是在同一农场中长大的，其中至少有一方是 6 岁之后才搬进这家农场的。所以，如果小时候生活在亲近的环境里，那么，男女之间很早就产生了性排

① 俄狄浦斯（Oedipus）：希腊悲剧《俄狄浦斯王》中的人物。《俄狄浦斯王》是古希腊索福克勒斯的戏剧代表作之一，它取材于希腊神话传说中关于俄狄浦斯弑父娶母的故事，展示了富有典型意义的希腊悲剧冲突——人跟命运的冲突。

斥（antiaphrodisiac）。

当然，如果你盼望儿孙满堂，你尽量在本族大家庭里找配偶，因为这样的结合生育率更高。一项关于冰岛人口的研究发现，生育子孙最多的婚配，以夫妻血缘是第三代和第四代表亲关系为最佳。比这层关系再近的，有近亲繁殖的危险；如果再远了，则会出现基因不相容的麻烦。谁能想到，原来大家族的团聚竟是一个恋爱的好地方。

加压素受体

男性的欺骗行为很可能也是受某种基因的影响，这种基因就是所谓的“乱交基因”（promiscuity gene）。研究者人员发现，人体内有些多巴胺 D4 受体基因（dopamine D4 receptor）会出现变体。多巴胺是一种具有刺激性作用的化学物质，能够刺激人的渴望，从性吸引到赌瘾，几乎无所不包，而多巴胺受体的变化是影响人的行为的重要驱动力。带有乱交型 D4 受体的男性，会增加色情冒险的欲望，并且他们的性伴侣比一般男性多 20%。按照研究估计，大概有 30% 的男性携带此类基因。不过，假如女性们准备发动一场基因猎巫行动[1]，以扫除这帮玩弄感情的恶

[1] 猎巫行动（Witch Hunt）：中世纪时，寡妇或生理上有问题的女性是普遍受到歧视的，由于女性地位低下，生理上的问题难于启齿，有一些掌握秘方为女性治病的女医生显得特别神秘，当时的教会和神学家普遍认为，由于女性在心灵上的缺陷，使其无法抵制魔鬼的诱惑，尤其是掌握医术的女性，会利用病人来达到不可告人的目的，再加上女巫传说的散播，最终形成了猎巫运动，几百年间杀了几百万人，异常惨烈。

棍，我劝诸位三思。虽然目前没有针对女性的类似研究，但是，女性也很可能携带类似的变体。别忘了，想怀个私生子，既要爸爸骗，也要妈妈偷，是两个骗子合谋的结果。

如果你想更准确地了解男人能有多忠诚，或者，从反面说，男人到底能有多不忠诚，那我们就来看看大草原上其貌不扬的田鼠的一夫一妻制吧。快到成年的雄性田鼠会锁定第一个雌性伴侣。接着，新婚燕尔会拿出整整一天来亲密，就是交配——噢，有点儿雷人哈。从此，这对情侣会厮守到老。生离，不能切断彼此的情思；死别，不能动摇生者的忠贞——绝不会另觅新欢。不过，有一种鼹鼠（mole）叫山地田鼠（montane vole），它们实行的可是一夫多妻制。

同是鼠类，为什么草原鼠实行令人羡慕的一夫一妻制，而山地鼠却成了乱交式的一夫多妻制呢？这又可能是一小片 DNA 搞的鬼。这片小东西的职能是专门为大脑里一种特别的血管加压素受体做决策。这种加压素受体有特殊的意义。田鼠在交配时会释放出加压素，这是一种刺激雄性形成单一配偶联系的荷尔蒙。草原田鼠有这样一片基因密码，这就意味着它们大脑中的加压素受体比山地鼠多，因而更容易接受加压素对配偶联系的刺激作用。科学家们把这种遗传密码植入山地田鼠的体内，它们立刻跟草原鼠一样，开始喜欢一夫一妻制了。

加压素的作用十分强大，草原鼠连性关系都不用就能坚守一夫一妻关系。草原鼠的这个特性全靠加压素来维持。如果给雄性鼠体内植入这种物质，它们就会跟第一个伴侣相守一生，即使从未发生过性关系也不会背弃对方。雄性鼠体内的加压素一旦被阻断，那么，即使它与雌性鼠有过多次性关系，也会立即视之为陌路。在我们中间，有多少女性知道这种感觉呢？研究人员用加压素（还有催产素）让一夫多妻的家鼠转而喜欢一夫一妻制。最后有一点，并非所有的田鼠都能得到等量的加压素。研究发现，有些雄性鼠的加压素受体基因比较长，而它们也是最值得信赖的伴侣。

那么，男人的加压素受体是什么样呢？答案是，比任何人想象的都复杂。研究发现，人类的这种基因片段至少有 17 种不同的长度，并且，随着研究的深入，这一数字可能还会增加（关于女人和催产素的研究也同样需要深入）。这就意味着，男人是如何从遗传性个体倾向转变为一夫一妻关系的这个过程不是一个简单的问题，其中存在着各种各样的可能性。同时，有了这个发现，我们就找到了理解男女之间建立长期关系的关键因素，因为，这片特殊的基因对男性的行为具有十分重要的意义。研究发现，男性孤独症（autism）患者体内这种基因片段比较短。由此看来，当男人们认识到加压素的接受性能够产生迷人的魅力时，我们有可能会发现，他们不再炫耀自己性器官的大小，而是开始吹嘘自己加压素受体的大小。在我看来，这至少可以被看做是一种小小的社会进步。

当然，如果想准确地描述爱情化学物的特征，那还有好长一段路要走。好在科学研究已经取得了进展。正如我们所见，科学家们已经找到了某些解读男女之间相互吸引之谜的线索。假如你对爱的所有追求都化为泡影，请记住，你还有鼻子为你领路。

现实的问题是，科学能为我们提供切实可行的建议吗？出乎意料的是，能！有些观点属于常识，有的则超乎想象。不过，我想先打打预防针。关于爱情的书我读了一大筐，可是只有一点让我深信不疑：你千万别轻信五花八门的求爱术。此类秘籍其实无异于奇闻逸事集萃。而本书以下的内容则和其他章节一样，以科学研究和调查分析为依据。尽管如此，我们列举的建议也不是真理，你只可当茶余饭后的消遣，就像爱情贴士自助餐，取舍完全由你自己决定。我划了三个区域供你选择进入：男女皆宜、男士专用、女士专用。

男女皆宜

学着爱自己 我知道这话听起来毫无科学性，而且有点儿肉麻，肯定有人在背后说我“空谈”了。但是，这条忠告却有大量的研究做后盾。简单地说就是，你对自己的评价越高，得到爱情的可能性就越大，并且爱情的发展更顺利，而不是更糟糕。

我们往往以为自己不会浅薄到以貌取人，但是研究表明，第一印象非常重要。1993 年的一项研究，被试观看一位教师的 30 秒长的录像，结果大家比较准确地判断出了这位教师在学生中有怎样的口碑。问题的关键是，30 秒的录像里只有一些非语言交流的信息和相貌特征。如果你想知道怎样留个好的第一印象，有很多这方面的书可以参考。我还有个建议：关注对方。好的第一印象更多地取决于关心他人，而不是炫耀自己。

选择要专一 换句话说，不要像只发情的兔子，什么目标都不放过。最近的一项研究表明，博爱主义是不受欢迎的，相反，情有独钟却备受推崇。同样，一项针对速配的研究发现，越是挑剔的人，魅力指数越高。

尽量多接触 熟悉程度对吸引力有积极影响。有一项研究，让男女被试看一些照片，之后请他们从中选择可能的配偶。接着，其中的几张照片又在屏幕上重复播放了几次，然后请被试重新选择。结果发现，有好几组被试改变了他们的初衷，最后选择了在屏幕上重复播放的照片。这个结论足以让相貌不佳者信心大增，因为，如果假以时日，身体的吸引力会越来越不重要，这就是研究者所说的“熟悉度效应”。

表情有活力 当然不能太过分。研究表明，鲜活灵动的脸比呆板木讷的脸更吸引人。难怪板着脸的人老是谈不成对象。

眉目能传情 前面我们探讨过眼神交流的问题，这里想再强调一下。眼神交流可以增加吸引力，不管与性相关不相关。心理学家阿瑟·阿伦将素不相识的男女配对，给每组 90 分钟的谈话时间，用于彼此了解。然后，让他们彼此对视 4 分钟。最后，问他们对彼此的感觉。结果发现，被试中有很多人承认已经对搭档产生了好感。好到什么程度呢？有几组配对最后真的成了夫妻！4 分钟的眼神交流，效果还真不赖。

别怕自己丑 长得好不如做得好。最近的一项研究表明，在吸引力、情感表现力和社交能力这三项魅力指数中，吸引力排在最后。如果你的相貌不佳，你可以多与长得好看的人套近乎。研究发现，与美人同行会增色三分，这就是接近性产生的效果。

敢于表达爱 研究发现，我们印象中某人怎样爱我们，会强烈地影响我们怎样爱对方。可我遗憾地发现，我们想表达爱慕的做法几乎还像中学生那样幼稚，喜欢谁就传个小纸条，然后等对方答复。研究发现，相同的态度，远不如相同的感觉，更能激发对方对你产生好感。一旦双方都认定互相倾慕，那就会形成一个良性循环，使积极的情感不断增加。事实上，感觉对方喜欢或者不喜欢自己，是一个自我验证预言（self-fulfilling prophecy），因为它会影响自己的行为，进而影响对方的认知。我们在行为上表现出什么样的感觉，人们就按照什么样的感觉来对待我们，以便跟我们的行为相适应。

当然，我们也不能忽视有共同价值观的意义。有一项研究，随机选择盲人伴侣，然后告诉他们彼此的生活态度，甲组的态度相同，乙组的不同。你猜哪一组伴侣的关系有了巨大的改善？当然态度相同的那一组。虽然说浪漫故事大多都以异性吸引为前提，但在现实中，往往是“道不同不相为谋”，观念不同的人很难相处。1986 年的一项研究显示，面对不同的意见，较之直白地反驳，还是保持沉默的方法更知趣。

如果你真的喜欢上一个生活态度跟你格格不入的人，你一定要学会“凡有分歧，付之一笑”的策略，因为，你别忘了，幽默具有强大的魅力指数。有一项研究，事先告诉学生们有一个陌生人跟他们有 90% 的相似点或者 90% 的不同点，然后学生们用对讲机给陌生人讲一个笑话，这位陌生人或者大笑一通或者无动于衷。结果怎样呢？笑的行为比相似性的作用要大得多。

通过测量陌生人在学生们眼中的魅力发现，在学生们认为，那位有90%不同点但对笑话报以大笑者与有90%相同点但未被笑话逗笑者相比，其魅力指数更高。

吹毛不求疵 说得更精确一点就是，你应该表现出很挑剔的样子，但不要针对你追求的对象。人们进行了多项研究，试图证明欲擒故纵是一种成功的策略，但都以失败告终。人们一般都喜欢挑剔的伴侣，但是，研究显示，人们所喜欢的是伴侣挑别人，而不是挑自己。有一项研究，要求男女被试对“很挑剔”、“挑剔”和“不挑剔”的人作出选择。男女被试更喜欢“挑剔”的人，而不是“很挑剔”的人，还有，女人对“很挑剔”的评价比男人的更低。

条件要般配 研究表明，与魅力指数相当的人结伴，满足感会更大，关系也更稳定。

经历要相仿 你的配偶最好是性经历跟自己差不多的人。研究发现，性经历相近的人结合，彼此更忠诚，更满足，而且更爱对方。

想知道某人跟你有多少默契吗？你打呵欠。打呵欠能感染大半个世界，而且很可能是自我意识和同情他者的指示器。

远离色情片 研究发现，不管是男性还是女性，看色情内容会降低对伴侣的满意度，并且给婚姻带来不利影响。

来自外部的阻力能增加吸引力。研究人员把这种现象叫做“罗密欧与朱丽叶效应”。研究发现，不管是已婚夫妇还是未婚情侣，相爱的程度跟父母干预的程度密切相关。干预越多，爱得越深。

恋爱应该像电影《一夜大肚》[①]，而不是《未雨绸缪》[②]，所以，要尽量营造浪漫氛围。研究表明，好的气氛可以为爱情添砖加瓦，而坏的气氛可能使你前功尽弃。

给一个拥抱　拥抱要深情，当然不要让人不舒服。20秒钟的拥抱，可以刺激大脑分泌催产素，从而增加彼此的信任感。

如果你跟某个人已经聊了一会儿，这时你想知道进展情况怎么样，那么，你可以设法试探一下，看看彼此是否已经达成了某种默契。比如，你把脸转向她的时候，她正好也转向你吗？当他前倾的时候，你马上也这样做吗？当然，千万不要刻意模仿，否则对方会认为你在学哑剧演员马赛尔·马尔索[③]的动作呢。

既来之则安之　如果你已经开始跟谁约会了，那就拿出十分的诚意，就当是已经找到了知己那样。研究表明，人们都希望自己的言行不辜负伴侣的期望。

---

① 《一夜大肚》（*Knocked Up*）：《一夜大肚》是一部喜剧片，主要讲述了一场计划之外的怀孕，它向人们传达了这样一个理念：孕育一个孩子，仍然是人生中最美好的事情。

② 《未雨绸缪》（*There Will Be Blood*）：也译作《血色将至》，导演保罗托马斯安德森，取材于厄普顿辛克莱的小说《油!》（1927年）。故事发生在1898年，是一个由家庭、忠诚、权力和石油交织一起之后衍生出来的史诗传奇。

③ 马赛尔·马尔索（Marcel Marceau，1923－2007）：法国默剧艺术家，被誉为当代最伟大的默剧演员。在没有任何舞台布景和道具的条件下，马尔索用简单的带有迷惑性的手势和面部表情使得观众沉浸于他的表演中。

男性专区

其实，也没什么难的。男人最终让女人倾心的东西，无非是女人对终身伴侣的期望。研究表明，女性认为赢得女性芳心的最好品质是，有修养、善于关心体贴人。另一项研究说明，男性也经常装成这副样子来欺骗女性。有的男性被试承认，他们经常帮朋友遛狗，因为这样显得很有耐性。以此类推，你可以想象，一个大男人带个婴儿，那会让女性产生什么感受。针对这个问题，研究人员进行了专项研究。女性被试看同一位男士站立的照片，一张是他逗婴儿玩儿，另一张是他对哭闹的婴儿无动于衷。毫无疑问，女性更钟情于那位哄孩子玩儿的男性。唉！同样的情况对女性却不大管用。研究者对女性进行了类似的研究，结果发现，不管女性怎样对待小孩，男性对女性的感觉都没有改变。当然，如果女性找的是一夜情，那么，男性用以征服女性的就不是耐性，而是体魄。

不要太热情　爱情不是一条道儿，天涯何处无芳草。一份杂志的问卷调查显示，男性仅仅靠说声你好，就有71%的成功率（女性的成功率是100%，当然，如前所述，女性更挑剔）。

动作有分寸　你激动的时候喜欢用手指戳人吗？此类有威胁性的手势应尽量避免。有身体接触时，要像观察野鸟一样小心翼翼，生怕把猎物吓跑。人类学家大卫·吉文斯（David Givens）认为，伸开手掌是友好的、非攻击性的举动。至于触摸，他建议男性在搀扶女性时，用手撑住女性的腰部，这能表达自信，同时也是一种性暗示。

你不需要汉斯和弗朗茨①为你鼓气。女性偏爱的是中等身材，发达的肌肉未必能让她们钟情。

不穿运动裤 运动裤穿着舒服，不过，最好还是换上更体面点儿的。研究发现，女性看男性的照片，男性穿得越体面，女性对其评价也越高，其中包括愿意与之发生一夜情的倾向性。

不用古龙水 最近的一项研究显示，古龙水的气味女性很不喜欢。这一点是怎么被发现的呢？古龙水的味道使女性阴道的血流量减少。你不妨尝尝“好又多”糖果。很奇怪，这种糖果的味道能刺激女性阴道血流量增多。

握手有力度 你父亲告诉你的握手方式是完全正确的，越有力越好。一项新的研究表明，男性的握手力度与生育健康直接相关。研究者发现，握手有力的男性更健康、更霸气、更阳刚，而且，发生第一次性行为时更年轻并且有更多的艳遇。遗憾的是，握手力度既买不到也不能伪造。因为握手力度很大程度上是遗传的，而且跟体内的睾丸素含量有关。

说话用低调 女性偏爱较低的音调，认为这样的男人更有魅力、更健康也更阳刚。这可能也是一种基因健康的进化信息。一项对狩猎聚居社会的研究发现，音调低的男性生育的子女更多。

---

① Saturday Night Life 是一档美国周末晚间的短喜剧节目，其中有一个短剧为《汉斯和弗朗茨为你鼓气》（*Pump you up with Hanz and Franz*），汉斯和弗朗茨都是其中的角色。

与美女同行　研究发现，与漂亮女人在一起的男人会增加自己的魅力指数（反之亦然，与难看的女人在一起的男人则会减少自己的魅力指数）。

女权主义者　不是为了追求真理，而是为了得到真爱！研究显示，男性的性别平等观念极大地影响着女性对其精神的和情感的魅力评估。

听摇滚音乐　如果你把女友带回自己的住所，记住放摇滚乐，不要放爵士乐。有一项研究，女性分别在听爵士乐、不听音乐和听摇滚乐这三种情况下评估照片上男性的魅力，结果显示，听摇滚乐时男性的得分最高。

学一点儿温柔　不要害怕租一盘贝特·米德勒①的电影来看看，要敢于拿出自己温柔的一面。有一项研究，要求女性在两种男性中作出选择：一种男性只对传统上所谓的男性活动感兴趣，而另一种男性则对男性活动和女性活动都感兴趣。结果发现，女性认为后者更讨人喜欢、更睿智、更诚实。另一项研究显示，男性的霸气，要辅以乐于助人、善于合作的精神才能博得女性的青睐。

如果你除了取外卖，成天都想躺在长沙发打发时光，那你可要向女性展现你的鸿鹄大志和不怕吃苦的精神。许多男性往

---

①　贝特·米德勒（Bette Middler，1945 年 12 月 1 日 －？）：出生于美国夏威夷的火奴鲁鲁。因为家境贫寒，仅在夏威夷大学读了一年戏剧就被迫辍学。之后，米德勒前往纽约发展，开始在百老汇的歌舞剧《屋顶上的提琴手》中任伴唱女郎，后来逐渐跃升为该剧的女主角。因为说学逗唱样样精通，使她在纽约夜总会获得了“喜剧天后”的美誉，曾多次赢得艾美奖和托尼奖。

往低估这些品质在女性心目中的重要地位。

如果你个头不高，可以适当虚报。在征婚个广告里虚报身高者肯定比避而不谈者收到的回复多。

女性专区

女人不是任人摆布的棋子，男人也不是不为所动的圣人。研究表明，男性坠入爱河的速度实际上要比女人更快。还有，研究发现，女人对待爱情比男人更实用、更务实。

你可能会抱怨你的周围没有称心的男性。请你再瞄一瞄你身边的男性朋友，看看有没有让你动心的。研究表明，男性在女性朋友圈里的魅力指数是女性在男性朋友圈里的两倍。

对待男性的态度应该跟密苏里州的绰号一样：不轻信。换句话说，不要轻信男人的海誓山盟。毫无疑问，跟男性相比，女性更善于察言观色、洞穿心理。事实上，女性在看口形、解读体语等各种技巧上都比男性有优势，因而女性在捕捉包括性暗示在内的各种信息方面应该比男性在行得多。不幸的是，所有这些优势都未能超出“红后效应”的范畴，因为男性哄骗女人的手法也在与时俱进，结果，男女之间的较量始终是此消彼长，分不出个胜负来。

不要对你的语言天分沾沾自喜，因为它同时也是你的致命弱点。女人愿意跟男人们交谈，并希望从言语中听出点儿什么。女人更愿意跟朋友谈论自己的男人，而且是深谈细谈。其实，这并不是什么好主意，不过这倒可以说明《他其实没那么喜欢你》[1] 为什么会那么火爆。与其挖空心思庸人自扰，不如保持怀疑的态度，看他是不是言行一致。

不要太温顺　女性喜欢男性刚中带柔，同样，男性也希望女性柔中带刚。

如果你拿不准做美容好还是健身好，我建议你去健身房。研究显示，男性既看脸蛋更在意身材。在男人眼里，女人身材不好比相貌不好得分更低。

扔掉米果，改吃芝士汉堡　别以为秀场上的模特一个个瘦得吓人是什么好事，研究表明，男性并不喜欢骨头架子，而是看好体重正常的女性。显然，女性高估了男性对骨感的诉求。还有，研究显示，女性同样高估了男性对卫生、整洁的态度。所以，你完全可以大胆一点，不必坚持每日淋浴的习惯。

如果你担心发胖，又不想节食，你不妨试试花香香水。有一项研究表明，使用花香香水的女性，会给人造成体重轻 5.4 公斤的感觉。别的香水味儿却没有这个奇效。

学莴苣姑娘[2]　留一头长发。最近的一项研究表明，在男性眼里，留长发或者中长发的女性更好看，而且，长得越难看，靠长发换来的美感就越多。或者，你也可以通过发型来展现自己的个性。男性觉得长发女性更健康、更聪明、更成熟，而短

---

① 《他其实没那么喜欢你》（*He's Just Not That Into You*）：本片是根据畅销书改编而成的。片中几个人感情故事交错重迭，让人感叹人类行为的虚伪性。

② 莴苣姑娘（Rapunzel）：《格林童话》中的人物，长着一头金丝般浓密的长发。

发女性则更年轻、更诚实、更体贴。

提高说话音调 男人爱听女高音。当然，别太高，没必要把玻璃震碎。

涂口红 一项研究显示，涂口红的女性给男性的第一印象更性感。

不用刻意怎么打扮，因为男人的心思不在这儿 有一项研究，让男性看女性的照片，其中有非常性感、性感和不性感三类。结果发现，能让男性产生性欲的对象总是非常性感和性感的女性，不管她们穿什么衣服；而不性感的女性，穿什么都不能改变男性的态度。

你别怕男性杂志上那挺拔撩人的大波。你的胸部没什么不好。社会上确有丰胸大乳的偏向，但男性更喜欢奉行去两边取中间的原则，也就是中等匀称。

装傻不犯傻 遇到像订书机之类的复杂器械，你别怕装傻。研究表明，男人很愿意帮助女人解决困难。

无知也是福 如果你说你对海德格尔①不感兴趣，你更喜欢凯蒂猫②，这并不是什么坏事儿。虽说男性也看重女性的智慧和抱负，但那是在不超越自己的前提之下。一项针对速配的研究发现，男性一般不会选择比自己更有志向的女性。

如果你是个有钱的大亨，千万不要炫耀 研究显示，男人

---

① 马丁·海德格尔（Martin Heidegger），德国哲学家，在现象学、存在主义、解构主义、诠释学、后现代主义、政治理论、心理学及神学有举足轻重的影响。

② Hello Kitty，著名卡通猫形象。

更希望自己是家庭的顶梁柱，不希望女人赚的钱比自己多，也不喜欢女人的职场地位比自己高。

不要畏惧伸手 有一项研究，志愿者假装做调查，所以要拦路问行人。然后，他们故意把问卷掉在地上，看谁会帮着捡起来。最有效的办法是什么呢？是女性志愿者用手碰行人的上臂。在所有的办法中，只有这一招儿最灵。而且，女人的这个办法拿到工作场所也同样适用。研究显示，在工作环境下，男女用手触碰的效果是不一样的。男人碰女人，好坏五五开；女人碰男人，100%是积极的。

男女皆不宜

如果不能列个清单告诉你哪些可为，哪些不可为，那就是我的失职。一个名为“午餐时间”（It’s Just Lunch）的恋爱网站曾进行过一次迄今为止规模最大的调查，调查的主要内容是人们生活中的各种小毛病。最后，他们开了一个毛病清单。只要你有一点儿生活常识，清单上所列的毛病大部分都可以避免，可它们还是出现在了清单上，这表明，在很多时候，常识对行为的指导作用并没有人们期待的那么大。

46%的人说自己边吃饭边接电话；

41%的人承认对服务员很不礼貌；

26%的男士和37%的女士抱怨午餐伙伴说话没完没了；

31%的人会谈起前夫或前妻；

45% 的男性对谈论体重和节食计划的女性感到反感；

56% 的女性抱怨男性对女服务员的关注多于对自己的关注。

有一点对女性是好事，不管女性有多少毛病，男性远不像女性那么挑剔。如果男人身上有女人的毛病，那么，只有 42% 的女性愿意跟他约会；反过来，如果女人身上有男人的毛病，依然有 71% 的男人愿意相约为伴。

第六章

守住婚姻的启示

为何要结婚
求爱容易守爱难
知足者常乐
还是包办好
爱情实验室
一报还一报
吵架不是祸
离婚警报
夫妻三分像

我在写作过程中有一种信念，希望有情人终成眷属。也正因为如此，一本谈情说爱的书，最后想以婚姻一章作结。婚姻的开始不是求爱旅途的终点。花烛蜜月如走马过客，美满婚姻才是天长地久。所以，最根本的问题还是能不能守住婚姻。

我的婚龄不长，所以在这方面还没有资格以专家自居。遗憾的是，许多携手半生的夫妇，也说不出什么窍门。我经常向他们取经，他们总是付之一笑，然后来一句“说不清”了事。令人欣慰的是，大量关于婚姻的研究可以为我们提供一些解释婚姻问题的答案。

为何要结婚

很多人徘徊在婚姻殿堂之外，想来想去，还是觉得逃避最省事儿。但是，无数的证据表明，从长线投资看，结婚过日子比打光棍儿更划算。最重要的是，婚姻会增加你一辈子的幸福指数。近期的一项研究表明，40% 的夫妇认为生活很幸福；而单身者只有 25% 的人有这样的感觉（另有多项研究结论相同）。同时，单身者患抑郁症的比率也比已婚者高出许多。作为幸福指数，婚姻比工作、经济状况或者社会团体占的权重更大。为什么？因为婚姻能给你带来各种各样的好处。

首先是性生活。虽说夫妻房事总是人们茶余饭后的笑谈，但与四处游荡的单身汉相比，夫妻间的性生活数量更多、质量更好。一项全国性的调查显示，42%的已婚女性表示，她们的性生活激情澎湃，身心获得极大满足；而对于有性伴侣的单身女性，这个比率只有31%。性生活到底占多大的权重？如果要我写一本世界上最短的励志书，我就写四个字：性多益善！大量研究发现，健康的性行为有利于长寿。一项调查显示，性生活极度缺乏人群的死亡率比性生活最为活跃人群的死亡率要高出一倍。我们在第四章已经讨论过，经济学家们甚至将性的益处用金钱来量化。如果将性生活的频率从每月一次提高到每周一次，那么，人们从中获得的快乐，相当于年收入增加了5万美元。婚姻本身也有价码。白头到老的婚姻，相当于年收入额外增加了11.5万美元。

科学研究也证明，有节律的性生活能够带来各种好处，包括促进血液流量和血液循环、改善免疫系统、抵御风寒和病毒、远离抑郁症等等。一项针对1.6万名美国人的调查显示，性生活最频繁的人生活最幸福。但这又跟结婚有什么必然联系呢？已婚男女有着巨大的既得优势，因为夫妻是终身性伴侣，这就为有规律的性生活提供了保障。当然，这并不意味着成为夫妻就可以高枕无忧了，能不能长期保持对另一半的激情，对任何夫妇都是严峻的挑战，但研究显示，已婚男女的性生活频率比未婚者平均高30%，而且质量也高。

当然，婚姻的裨益不只这些。撇开性生活不谈，婚姻也能改善你的健康状况。正如第三章所述，单身者的死亡率比平均死亡率高出许多（单身女性高50%，单身男性则高250%）。由此看出，不结婚会大大降低人的平均寿命，它比心脏病、癌症或贫困造成的危害都要大。其中的原因有很多。比如，婚后的男性很可能会戒掉饮酒之类的不健康习惯。婚姻还能带来经济利益。已婚男女的家庭收入通常比较高。1997年，已婚男女的家庭收入平均为4.7万美元，而单身男女的收入分别是2.6万美元和1.5万美元。

更为重要的是婚姻能带来细微的、难以量化的裨益。我们怎样判断伴侣关系的价值呢？这要说出个具体数字恐怕很难。不过研究发现，孤独会引发焦虑，会使免疫力下降。我们都是社会人，婚姻是抵御孤独的最有力屏障。幸运的是，大多数人似乎都意识到了这一点。在选择人生最高目标时，人们总是把幸福婚姻放在首位。如果你还希望了解婚姻带来的更多益处，那么，我推荐你阅读玛吉·加拉赫和琳达·维特的《婚姻案例》。这本书系统地列举了幸福婚姻的所有好处。不过，有一点你要当心：不幸的婚姻可以把这一切美好数字彻底颠覆。有一项研究显示，不幸的婚姻可以使人的患病率升高35%，使寿命平均减少4年。另据经济学家估计，离一次婚相当于年收入减少6.6万美元。

求爱容易守爱难

当然，如果幸福的婚姻唾手可得，那离婚率会低很多，婚外情也不会泛滥成河。遗憾的是，求爱容易守爱难。人类体内的化学物质，不仅可以诠释人们对爱情的痴迷，也可以解释人们对厮守的背弃。奥斯卡·王尔德[①]曾经说过，浪漫的本质是不确定性。然而，选择婚姻时，你所放弃的恰恰就是不确定性。可悲的是，对爱侣的找寻，虽然让人神往，但永远都不能像闻臭汗T恤那么简单。研究表明，浪漫的化学元素会随时间的流逝而减退。有一项研究发现，恋爱中人大脑分泌的化学物质，大体可持续6到8个月。另有研究发现，从热恋状态消退到零眷恋状态（不是温眷恋而是零眷恋）大概只要两到三年的时间。

跟着激情走必然带来这样的问题：何以经受岁月的考验。有些人离婚后会长舒一口气，但我觉得，没有人会认为这叫成功。靠短效的化学物质来维系长久的恋情，这有点儿像买一辆车只看它前200公里跑得好不好。

问题不在婚姻，而在人本身。我们都有过愿望消退的经历。憧憬令人兴奋，常态让人厌倦。如果你买过新车，或者换过工作，你就有这种体验。不过买新车不算什么大事儿。如果你有钱，买新车是小事一桩儿。但婚姻可是一件天大的事。有趣的是，我们每一个人都无数次地经历过激情不再的体验，但是，研究表明，我们总是在事后把它忘得一干二净。而且，在预测将来我们会有什么感觉时，我们的表现特别糟糕，总是期待未来跟现在一样。你可以想象，这种思维定势对激情中的新婚燕尔会埋下多大的隐患。

---

① 奥斯卡·王尔德（Oscar Wilde，1854年10月16日至1900年11月30日）：英国唯美主义艺术运动的倡导者，著名的作家、诗人、戏剧家、艺术家。

如果你不接受这个事实，如果你希望携手40年后仍有初恋时的激情，那么，只有一种办法：增加性生活。实验表明，给动物注射催产素（性交时分泌物）后，它们的习惯化会减少。具体需要多少性生活才能完全遏制这个过程目前尚不明了，不过我建议精力充沛的读者不妨尽力试试。但对我们大家来说，只好再忍受一次“浪漫情结”的折磨了。

知足者常乐

在当今社会，人们对婚姻寄予了各种各样的期待，正是这些期待给许多夫妻带来了苦恼。这其中有来自文化习惯的，也有来自夫妻双方的，往往是层层加压，不堪重负。想一想人们赋予夫妻关系的各种社会角色：好友、亲人、爱侣、伙伴等等。人们往婚姻关系中掺入了诸多的奢望，结果就是研究者所说的“婚姻崇拜”。这样的崇拜简直能要命。研究发现，谋杀妻子的人往往有特别强烈的信念：坚决拥护一夫一妻制，相信妻子应该是心灵的伴侣。可是传统上却不是这样。妻子就是妻子，丈夫就是丈夫，没有人指望自己的伴侣还要扮演什么像故交好友之类的各种角色。

当然，传统意义上的婚姻，是以“爱的唯一选择”的各项标准为基础的。维系夫妻关系的纽带是诸如经济收入、宗教信仰和社会地位等各种力量。但是，这一切都在变化。现代的女性要孩子的少了，经济独立的多了。这从多方面看，都是可喜的进步，但同时它也意味着过去维系夫妻关系的两大纽带——

经济收入和亲本关系不复存在了。唯一可以用来巩固夫妻关系的只剩下爱情，但爱情就像芦苇一样脆弱，承担不了这样的重负。既然其他所有的要素都被剥离，那么，婚姻的存在就只有一个条件：为了个人满足，含蓄一点儿说，就是爱情。婚姻关系的变化对婚姻本身构成了威胁。如果你把婚姻与幸福联系起来，那么，你对婚姻的怀疑就会不断增加。20 世纪 70 年代早期，男性中认为婚姻“非常幸福”的占 70%，到了 90 年代中期，这一数字降至 64%。女性对婚姻的满意程度也不乐观，认为“非常幸福”的由 67% 降到 62%。一方面，人们对婚姻越来越感到不满；另一方面，人们越来越将爱情奉为婚姻之本，出现这种巧合绝非偶然。

至少，我们应该认识到，婚姻并非解决所有生活难题的灵丹妙药。《爱在大脑深处》的作者指出：“对于大多数美国人来说，当恋爱关系最终确立之后却发现，原来自己一直被错误的信仰所折磨。美国的文化过度地看重形式而非实质，结果使人们总是疲于追逐稍纵即逝的爱，而不是爱的真谛。”事实上，婚姻关系固然可以带来诸多裨益，却也会滋生各种问题。一位心理学家甚至将婚姻称为“分歧机”。进化心理学也不认为幸福婚姻可以自然天成。大卫·巴斯指出：“自然对人类的选择，并非以夫妻和睦为宗旨，而是以个体的生存和基因的繁殖为法则。由这些无情的法则所塑造的心理机制往往是自私的。”

幸福的婚姻确实可以带来美好，但前提是，我们对婚姻不抱过多的奢望，这样，我们实现这个目标的可能性反而会更大。其实，降低期望值，增加满意度，这话具有普世的意义。在一项针对生活满意度的国际调查中，丹麦人轻松胜出，其中的一个重要原因就是，他们从来不对未来抱很高的期望。再回到爱情的话题上，并不是说我们在结婚时不考虑爱情，而是说只有爱情是不够的。也许真正的问题不是为什么一半的姻缘以离异告终，而是为什么还有一半的婚姻能在那么高的期望下依然幸福美满。希望你能从本章里找到答案。

还是包办好

我们考察一下包办婚姻，或许可以从中得到一些启示。我们在前言部分引用了一项有关印度包办婚姻的调查。这项调查显示，从长期效果看，印度的包办婚姻比西方的自由婚姻更幸福。正统犹太教徒的习惯是通过媒人相亲。调查显示，这样的婚姻与包办婚姻异曲同工，结婚后夫妻的感情会越来越好。只要从“浪漫情结”的死套里解脱出来，我们就会发现，以往关于爱情和婚姻关系的理念是错误的。比如说，我们认为理想的婚姻应该是这个状态：

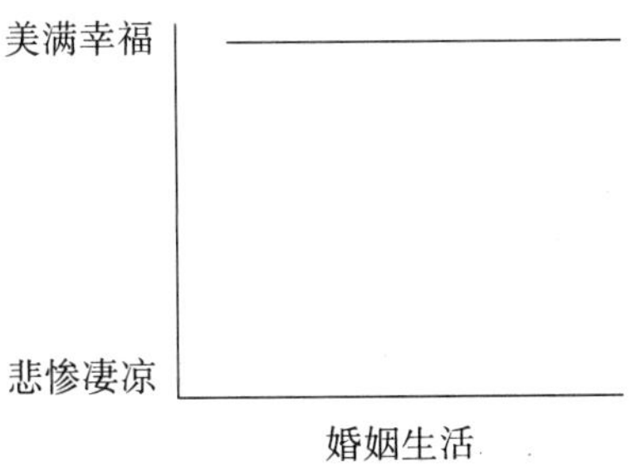

我们理应在大喜之日欣喜若狂，从此幸福地生活在一起。你有没有想过，这幅美景是不是有点儿虚无缥缈？大多数流行文化所呈现的“浪漫情结”就是这样的镜像。我们再来看看包办婚姻中的爱情状况：

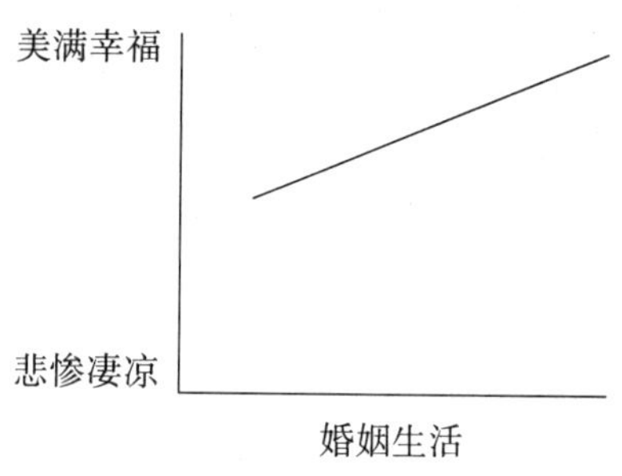

这样的状况是不是更现实，而且，最为重要的是，对于终身伴侣来说，是不是更健康？

我们这里碰到了“浪漫情结”的痛处，也触到了我们关于爱情和婚姻的最高信仰。然而，研究结论是不可否认的。我们研究一下得克萨斯大学特德 · 休斯顿（Ted Huston）主持的“伴侣研究”（PAIR Project）。这个项目于1981年发起，跟踪调查了168对新婚夫妇，详细记录了他们从萌发爱慕到成为夫妻到后来或好或散的每个环节。特德 · 休斯顿的研究具有重要的参考价值，因为跟其他研究相比，它的研究周期起点更早，跨度更大。这项研究的结果对“浪漫情结”的许多核心元素提出了挑战。

首先看看所谓相恋成婚的观点。谁没有参加过浪漫的婚礼？新娘新郎那份儿陶醉，让你羡慕不已。但事实证明，我们的嫉妒是不必要的——这样的婚姻出现离异的可能性更大，因为越是痴迷，就越难持久（研究还发现，闪婚夫妇更容易离婚，更何况许多夫妇结婚时并没有爱得如痴如醉）。

令人吃惊的发现还远不止这一个。研究发现，夫妻之间哪怕在品味上南辕北辙，对婚姻的幸福也构不成什么大碍——除非你过于较真儿，而较真儿恰恰是离异的一个诱因。矛盾本身并不是问题，关键是双方能不能保持互敬互谅的态度。一旦失去好感，那比发生冲突要危险得多。此外，持久性也不是幸福婚姻的充分条件。休斯顿发现，许多夫妻平淡如水，但他们不会选择分离，因为他们的基本观点是，婚姻本身免不了带点儿苦涩。

"伴侣研究"的结果也验证了一些常言俗语里的智慧。比如，女人应该相信直觉。研究发现，有些女性对自己的婚姻早有担忧，结果往往不出所料，证明先前的担忧是有道理的。其实你用不着一年一年地熬下去，等待转机的出现。按照休斯顿的观点，婚姻后的头一两年就可以看出往后会不会幸福。别指望养个孩子就可以解决问题，孩子的出生并不能改变夫妻间的感觉。这项研究也验证了许多其他研究的共同发现——懂得温柔的男人往往能当好丈夫。

我知道你在想什么。你觉得这些都是小儿科，凭你的理性，只要瞟一眼，就能对哪对夫妻能否长久猜个八九不离十。但我还是想告诉你，你这种念头是不科学的。雷切儿·爱布琳（Rachel Ebling）和罗伯特·利文森（Robert Levenson）的研究证明了这一点。研究人员给被试者播放 10 对夫妇的三分钟视频，其中有 5 对已经离异，然后请被试预测这些夫妇的未来。结果显示，在预测哪对夫妇可能会离婚时，大多数被试表现极差，正确率仅为4%多一点。在这个问题上，女人的直觉也不管用。研究发现，女性的预测结果并不比男性好。不过，令人感到惊奇的是，研究的结论证明了体态语比口头语更有假设的优势。此外，研究还发现，聆听夫妻间具体的谈话内容反而使预测更离谱儿。当然，最了不起的发现是，像理疗师这样的专家跟普通人并无很大差异。他们对这10对夫妇未来的预测跟随便猜测没什么两样。

婚姻伴侣总以为彼此是了解的。如果你有这种想法，建议你马上去洗脑。研究表明，夫妻结婚时间越长，就越难读懂对方的心事，而与此同时，感觉能够揣摩对方心情的自信却与日俱增。也就是说，一方面，双方都觉得了解对方的把握越来越大；另一方面，彼此真正明白对方心事的可能性却越来越小。夫妻之间为什么会出现交流失败？原因很简单：结婚时间越长，对另一半的关注就越少。很多关于婚姻的理论都是建立在夫妻之间交流畅通无阻的基础上，而研究的结论却表明，夫妻之间真正达到心心相印绝不是一件容易的事情。

爱情实验室

无论是分析某一对夫妇是否般配，还是预测他们能否白头偕老，我们都不是什么内行。不过，有一个人却精通此道，他就是华盛顿大学的心理学家约翰·戈特曼，他主持的戈特曼研究所被人们戏称为“爱情实验室”。戈特曼从20世纪70年代以来一直从事婚姻关系的研究。为了揭开婚姻成败之谜，他发明了一套解密夫妻互动关系的分析方法。这套方法也许是迄今为止研究婚姻问题的最严密的分析方法。比如说，如果一对夫妻出现分歧，戈特曼就将他们讨论的过程全部拍摄下来。当然，拍摄点儿视频没什么特殊，真正有意义的是他的分析方法。研究人员将录像分成内容和情感两类。哥特曼还专门设计了一套评分系统，对夫妻间可能表达的任何一种情感进行采集评分。由于每个瞬间的面部抽搐都会被计入评分系统，所以，几秒钟的交流会得出好几种指数。

此外，爱情实验室还增加了一个数据层面——通过心率监测器和其他生物反馈设备测量每对夫妻在交谈过程中的紧张度。你想知道这个方法到底有多严密、多繁琐吗？据戈特曼本人估计，每分析 1 小时的录像大约需要 28 小时。

这些煞费苦心的分析，换来的是其他任何婚姻研究都无法企及的精确性。戈特曼的方法最拿手的是预测哪对夫妻能走得长久，哪段婚姻走不到头，其精确率简直令人咋舌。到底有多准确呢？假如分析取样是 1 小时的对话，那么，经过爱情实验室的分析，结果可以预测 15 年后这对伴侣是否还在一起，其准确率可以达到 95%。事实上，经过多年的实践，戈特曼的识别技术已非同一般，可以洞察常人发现不了的各种细节。婚姻关系在他的眼里，就像高尔夫球到了老虎伍兹①的球杆下，简直是

① 艾德瑞克·泰格·伍兹（Tiger Woods，生于 1975 年 12 月 30 日）：美国高尔夫球手，当前世界排名首位，并被公认为史上最成功的高尔夫球手之一。他的绰号“Tiger”的意思是“虎”，在中文中经常被称为老虎。

如鱼得水，令人瞠目。

我们不可能成为约翰·戈特曼，但我们可以借鉴他的研究思想。想知道自己的婚姻会走向何处吗？戈特曼给你列出了许多范式，按照这些范式，只要观察3分钟，就可以预测新婚燕尔会不会长长久久。第一个要素是谈话怎样开头。通常由妻子发话（男人最怕“我想跟你谈谈”这句话），然后双方确定对话的基调。这里问题的关键是开场用怎样的口气：是和声细语还是咄咄逼人。口气在很大程度上决定接下来的内容。第二个要素是妻子抱怨什么：是抱怨某个具体问题（希望你把垃圾带出去），还是某个一般的跟性格有关的问题（你真懒，连垃圾都不带出去）。如果妻子的开场是和声细语型，抱怨的问题是具体型，那么，这对夫妇可以一路奔向幸福。此外，丈夫的反应也很关键。他接受妻子的建议吗？是的，听妻子唠叨对于幸福婚姻具有特别重要的意义。他的反应扩大化了吗（保持平静还是开始生气）？他产生抵触心理了吗？如果是这样，那么，他会拒绝妻子的建议，而且气头会更大。如果丈夫的确产生了抵触心理，那么，这对夫妻很可能快走到尽头了。齐了——预测婚姻走势，3分钟搞定。

令人遗憾的是，即便是为了科学研究，遇上我这个刨根问底的作者，许多夫妇们并不愿意家丑外扬，因此我不得不另辟蹊径。跟其他章节有所不同，我在这儿要举的例子并非源于现实生活，而是取自文学作品。但我相信，这个例子，对于验证戈特曼的幸福婚姻交流原则来说，是一个很好的典型：P. G. 伍德豪斯①的《万能管家》（*Jeeves and the Wooster*）。我们从“吉夫斯与不速之客”（Jeeves and the Unbidden Guest）一章里选一段会话：

吉夫斯：恕我冒昧，先生，这领带不太合适。

伍斯特：嗯？

吉夫斯：先生，这条领带与客厅的颜色不搭配。

请注意，吉夫斯的开场很温和。

伍斯特：这条领带怎么啦？你早就看它不顺眼。别绕弯子！到底哪儿不好？

伍斯特的反应正是戈特曼所说的抵触心理。

吉夫斯：太惹眼了，先生。

吉夫斯还是很克制。他对领带的批评是具体的，而且他的批评永远不会转化为对伍斯特性格的一般性的批评。

伍斯特：瞎说！粉色很活泼。惹什么眼？

还是抵触，不过，冲突已被扩大化。

吉夫斯：不合适，先生。

---

① P. G. 伍德豪斯（P. G. Wodehouse，1881－1975）：英国作家，以反映贵族贝帝伍斯特和他的男管家吉夫斯的幽默故事的小说而著名，作品曾多次被改编成电视剧及舞台剧，语言华丽而幽默。

伍斯特：行了。我就戴这条了！

伍斯特仍然对“妻子”（他的男仆）的建议不屑一顾。

吉夫斯：好的，先生。

吉夫斯很聪明，没有激化矛盾。通过短短几句话，作者讽刺了伍斯特，赞扬了吉夫斯，然后又回到领带这个正题上。

伍斯特：吉夫斯！

吉夫斯：在。

伍斯特：那条粉色领带……

吉夫斯：怎么先生？

伍斯特：烧了它。

最终，伍斯特克服了抵抗心理，接受了吉夫斯关于如何着装的建议。这段会话如果发生在夫妻之间，那就是幸福婚姻的典范，因为交流的最终效果是避免了口角，化解了矛盾。

运用戈特曼的方法，不仅可以探析文学作品中幸福婚姻的道理，而且可以预测现实生活中夫妻关系的走向。哥特曼甚至可以给你一个大体的时间表，指出哪对伴侣什么时候会离异。比如，如果某对夫妇之间存在很多“消极情感”（对彼此厌恶），那么，他们婚后大概还能坚持 7 年。不过，戈特曼也发现，如果单凭这个标准，会漏掉许多可能离异的信息。为此，他重新研究了会话录像，结果发现，缺乏“积极的情感”（亲和感），也会对婚姻造成危害。当然，这种危害在短期内不一定显现出来，大概要等到第一个孩子满 14 周岁时，夫妻感情会开始疏远，直到离异。

一报还一报

戈特曼的分析方法，大大改变了人们对婚姻的固有观念。首先，我们会发现传统的婚姻疗法其实根本不管用。事实上，很多遇到婚姻问题的夫妇在接受了婚姻治疗之后，已有的各种不幸很快会卷土重来。由于复发率居高不下，从事婚姻咨询的心理医生们已经面临失业的威胁。我们拿所谓的积极聆听法为例。这个方法曾风靡一时，其影响已经超出了婚姻咨询的范畴。如果你参加过某个旨在化解矛盾的训练营，那你可能学过一些积极聆听的技巧。所谓积极聆听就是要求聆听者不断确认说话者的意图，通常采用转述或重复说话人话语的方式。这么做的依据是强迫自己聆听并理解对方的意图，而不是急于作出反应，有助于双方的交流，也有助于减少抵触心理。可以想象，这样的对话是非常机械的。典型的积极聆听式交流会按如下的程式展开：

约翰：今晚你迟到了，我很生气。

丽萨：我懂你的意思。我迟到了，惹你不高兴。

约翰：是的，你从来没准时过！拿我的时间不当回事儿。

丽萨：你是说我不尊重你的时间观念。

戈特曼用他的实验方法对积极聆听的有效性进行了测试。

结果发现，幸福的伴侣从来不用积极聆听之类的冷淡方式，而且绝大多数接受此法的夫妇并没有感觉有哪些问题得到了解决。只有极其少数使用者收到了一定的效果，但其后的跟踪调查显示，不出一年，他们全部重回老路。

此外，戈特曼还考察了另一种疗法。准确地讲，这种方法应该叫做“公平交易”，也就是指，按照一报还一报的方式对待伴侣。对方为你做了一件好事，你应该为对方做一件好事作为回报。戈特曼的研究否定了这种做法的合理性，因为交换的结果会损害夫妻关系。一般来说，人们在对别人好的时候，自己也会感到温暖。夫妻之间用一报还一报的方式交往，成了纯粹的公平交易，结果，谁都不会获得给予的快乐，因为交换取代了付出，也就没有了付出时的快感。由此观之，夫妻交往应该学学杰克·肯尼迪就职演说里的智慧：不要问伴侣能为你做什么，而要问你能为伴侣做什么。

吵架不是祸

令人欣慰的是，戈特曼也发现了影响婚姻的积极因素。首先，需要澄清一点，许多夫妇认为吵架是影响夫妻关系的重要因素，但实际上并非如此。按照“浪漫情结”的一般观点，恩爱夫妻是不吵架的。但戈特曼发现，吵架不是离婚的预兆。不幸的夫妻会吵架，甜蜜的伴侣也会吵架。有的夫妇的确很少吵架，但这可能是缺乏沟通的结果，并不表示他们一定幸福。相对来说，隔三差五吵几句，比从来不吵更有好处，而吵架少的夫妻对婚姻的满意度也较低。从来不吵架的夫妻会有一个大麻烦：因为从来不吵架，所以矛盾会越积越多。存在严重问题的夫妻平均要等 6 年才会想到要找专家来帮忙，而在 6 年的时间里，好多魔咒可能早就开始应验了。

由此可见，婚姻生活出现矛盾和分歧是在所难免的。那么，有多大的频度呢？戈特曼发现，夫妇之间的分歧，有一多半从来没有得到解决。这是真的。解决不了。戈特曼研究了成千上万对夫妻，其中 69% 对夫妻从来没有消除分歧。照这么说，如果你有过陷入了《等待戈多》[①] 境地的感觉，为同一个问题争执不休，你的感觉可能是对的。大多数夫妇争吵也是为同样的问题（金钱、家务和孩子），所以我们大家都有《等待戈多》的烦恼。不过，令人欣慰的是，解决不了冲突并不表示婚姻归于失败。

其实，真正的问题不是吵架，而是怎么吵。那么，婚姻专家是如何解决吵架问题的呢？他们还是用老办法，拿万金油来糊弄普通老百姓。在婚姻治疗师那里，分歧的解决方式只有一种，直接而粗暴。如果夫妻一方对谈话内容感觉不适，希望转换话题，理疗师是不会答应的，话必须说透，理必须辨明。其实，拿这个办法去主持某个公司会议，效果可能不错，但对婚姻来说，这无异于一场灾难。戈特曼发现，幸福夫妇不用这种

① 《等待戈多》（*Waiting for Godot*）：法国作家塞缪尔·贝克特（Samuel Beckett，1906－1989）的作品，讲述两个身份不明的流浪汉自始至终在等待一个名叫戈多的人。他们为消磨时间，语无伦次，东拉西扯地试着讲故事、找话题，做着各种无聊的动作。

方法，而是以各种方式打断争吵，比如，讲个笑话，或者岔开话题，说点儿不相干的事（他们也不会将争吵升级；不会让“捡起衣服”变成“你是个坏蛋”）。他们在争吵中会做各种各样的事情，而这些事情在许多理疗师那里一定会叫停。事实上，转换话题是有很好的理由的。还记得在爱情实验室里，戈特曼给被试夫妇接了许多传感器吗？这些是用来测量被试在交谈时的生理反应。戈特曼发现，人们争吵的能力取决于保持冷静的能力。一旦争吵升级，心率超过100，人们就会失去理性控制，这时，身体会失衡，直至完全失去理性。这就是说，出现分歧时采取转移话题的方法是有用处的：暂时喘口气，把身体控制在爆发极限内。

戈特曼还有一个发现，这个发现，对于那些认为女性更感性的人来说，无异于当头一棒。男人在争吵过程中更容易受生理反应的支配，更容易“热血沸腾”。正因为如此，男人们一般避免跟妻子发生争执，往往充当“挡板”的角色——因为男人根本无法控制争吵引发的生理反应。他们知道，自己的血压会上升，心率会加快，早晚会失去理智。所以，面对是打还是逃的选择，他们选择了逃。于是，“挑起事端”的重担就落在了女人身上。戈特曼发现，80%的争吵是妻子挑事儿，幸福伴侣也是如此。

也许最重要的是，即使在吵架时，幸福夫妻总会设法使好话远远多于坏话——5 ∶1。这个比率要跟失败婚姻的情况来比较，那简直是天壤之别：不幸夫妇之间好话与坏话之比连1 ∶1都不到（平均每0.8句好话对1句坏话）。这好像不大可能。在吵架过程中，怎么能保证好话多于坏话呢？这其中的诀窍是，从来不孤注一掷，从来不把对方逼到非伤害自己不可的绝境。妻子会说“你工作辛苦，这我明白，可家里的活儿，你应该多帮我一把”，而不会说“你从来都不帮我做家务，你赚的钱连个清洁工都雇不起”。所以，维系婚姻的关键不是避免吵架，而是懂得怎么吵架，懂得按照“昆士伯利侯爵拳击规则”出拳。

我们再以文学作品中的一对夫妇为例，来看看失败婚姻到底错在哪里。这对夫妇就是：玛莎（Martha）和乔治（George），选自《谁害怕弗吉尼亚·伍尔夫?》[①]。

玛莎：我不明白你怎么会这么累……一整天什么都没做；你没去上课，也没有……

注意开场语气是咄咄逼人。她对乔治之前发牢骚说自己累的话不屑一顾，而且还说他发牢骚没有任何道理可言，进而开始批评他懒。

乔治：我的确很累……要不是你爸爸老是搞该死的周六狂欢派…

乔治产生抵触情绪。他没有对玛莎的话作出反应，而是转换话题，开始攻击她父亲和他强加给他们的生活方式。

---

① 《谁害怕弗吉尼亚·伍尔夫?》（*Who's Afraid of Virginia Woolf?*）：作者爱德华·阿尔比（Edward Albee，1928－?），美国剧作家，生于华盛顿。1962 年该剧使他大获成功，获纽约剧评奖，并被评为该演出季的最佳戏剧，后来又成功地改编成电影《灵欲春宵》，被公认为阿尔比最杰出的剧作，此剧获普列策奖。

玛莎：哦，这就是你的不幸，乔治……

这句话有很强的讽刺意味，充满了对乔治阳刚不足的蔑视。

乔治（皱眉）：没错，本来就是这样。

这句是抵触性重复。

玛莎：你什么都不干；你一事无成；你不懂得交流，就懂得坐着耍嘴。

她将冲突升级，开始攻击一般性格。刚才抱怨的是一整天没干什么，现在抱怨的是“一事无成”。

乔治：你想让我干什么？让我像你那样？像你那样朝着所有的人像驴一样嗷嗷叫吗？

这可不只是抵触了，而是加入了他的蔑视和挖苦。虽然听起来是克制，但用词是带有刺耳和粗俗含义的“驴叫”，目的就是要伤害对方。

玛莎（像驴那样大叫）：我不是驴叫！

实现既定目标——逼玛莎发疯了。
这个例子可以作为教人不要吵架的反面教材。

离婚警报

如果你真想找出离婚的征兆来，那就别把注意力放在吵架上，而是放在情感交流上。研究发现，夫妻中如果有一方经常表达消极、批判的情绪，那就等于拉响了离婚的警报。戈特曼将消极情感进一步细化，把能够导致离异的情感归为四类，叫做“天启四骑士”①。第一是批评，这里戈特曼指的是一种特殊的批评。夫妻之间针对某个行为细节的具体性批评没什么不好，但是，针对性格的攻击性批评则有很大的危害。另外三种需要警惕的情感是：抵触、蔑视和抵制。你可以想象，大多数抵制角色都由丈夫扮演，比率是85%。这种抵制行为具有很大的破坏性，因为影响夫妻关系的决定性因素是情感的亲疏，而不是冲突的多少。夫妻吵架如果超出丈夫的情感限度，那他很可能采取抵制的态度。除此之外，还有一个更复杂的因素，也是决定婚姻成败的终极因素：修复。幸福伴侣通常会在吵架中和吵架后想办法修复情感损伤。其实，不幸的夫妻当然也会这么做，可惜的是，他们往往以失败告终，或是由于一方拒绝，或是方法不力，结果留下伤痛。如果放纵“感情四骑士”作乱，而最后的修复也不奏效，那么夫妻离异就是水到渠成的事。如果你觉得这个套路有点复杂，那么，戈特曼还有一个更简洁的方法：回顾婚史。戈特曼发现，如果一对夫妇对往日的记忆是美好的，那么，他们携手走向幸福未来的可能性就很大（大约94%——不算太糟）。

---

① 天启四骑士（Four Horsemen of the Apocalypse）：出自圣经的《启示录》，四位骑士分别代表瘟疫、战争、饥荒和死亡（Conquest，War，Famine，and Death）。人类受到末日审判时，上帝将四位骑士带给人类。

除了防范“感情四位骑士”的侵扰外，还有几件事对提高幸福指数有积极的意义。第一，给伴侣更多的关注。戈特曼发现，每天都有几个重要时刻，这时夫妻之间会交换对某些事物的看法，彼此的反应可能是肯定的，也可能是否定的。一般来说，谈话的内容以家长里短为多（晚饭吃什么、工作中有什么情况等）。这种交流会很快形成一种行为模式：或者是彼此关注，或者是相互淡漠。你可能不会相信，形成这样的模式只要一周的时间。说真的，做丈夫的很有必要听听妻子们的絮叨。幸福的婚姻，丈夫一般愿意接受妻子的意见。另外，你还要学会冷静，以防止争吵失控。对付吵架甚至还有夫妻分工：低强度矛盾一般由丈夫负责缓解，高强度的则交给妻子来完成。

以上几点其实都不是什么难事儿，这也是戈特曼研究令人振奋的发现之一。要扭转婚姻的被动局面，不需要大刀阔斧，只要从小事做起即可，当然还需循序渐进，持之以恒。婚姻的苦恼源自婚姻中的日常琐事。拌几句嘴，发点儿小脾气，就像中国古代的水刑一样，点点滴滴，微不足道，可是累积起来，就让人受不了。如果能换个交流方式，比如在争吵时学会笑几下，那么，平日里的拌嘴非但不会破坏婚姻，反而会增进夫妻感情。

夫妻三分像

有趣的是，幸福的伴侣之所以幸福，并不只是因为他们掌握了上述技巧，而且还因为他们对伴侣怀有一份浪漫的幻想。这是真的。幸福伴侣似乎都患有一种“良性自欺症”。这种现象非常普遍，所以心理学家给它起了个专用的名字，叫“婚姻强化”。比如，一项研究显示，许多伴侣对彼此相似度的感觉，要比实际的相似度高出许多，而感觉上的相似度比实际的相似度，更能反映夫妇对婚姻的满意度。因此，幸福的伴侣并不一定比不幸福的夫妇真的更相似，而是感觉，感觉中的相似度越高，实际的夫妻生活就越幸福。

当妻子的尤其擅长玩这种心理骗术，所以，当丈夫的可能比人们想象的还要像荷马·辛普森①那样。有一项研究发现，妻子们使用一种感觉过滤器来评价丈夫的行为。幸福家庭的妻子感觉跟丈夫的某次交流是令人愉快的，而从客观的角度看，却没有这样的效果。这种感觉错位可以一直延续下去，使妻子始终对丈夫保持一种满意的状态。反之亦然，不幸家庭的妻子看什么都采取更苛刻的态度。

自我欺骗是解除各种疑虑的一件法宝。一项针对婚姻信念的研究发现，强烈的信念以不存在重大疑虑为基础，而疑虑的消解则离不开自我欺骗。夫妻双方的满意度越高，彼此就越倾

---

① 荷马·辛普森（Homer Simpson）：美国电视史上播出时间最长的动画片《辛普森一家》（*The Simpsons*）中的爸爸，是一个简单到不能再简单的男人，在斯普林菲尔德的核能工厂勉强算是有一份工作，只是在同一个职位上被解雇和再次聘用了无数次，自私自利，经常忘了家人的生日、纪念日甚至是假日。尽管他喜欢张着嘴嚼东西、嗜赌，还经常和一群与他一样处在底层社会的人跑到酒馆喝酒……但妻子玛吉从没有想过有一天离开荷马，她相信这一定是爱情的力量。面对荷马制造的无数次混乱，玛吉从没有放弃过希望。

向于将对方理想化，尽管你不会睁着眼睛说瞎话，但研究发现，这种欺骗是有一定道理的。事实上，夫妻之间可以采取各种策略，来放大对方在自己心目中的形象。比如，相信伴侣身上的所有品质正是你期待的品质。再比如，可以通过捆绑优缺点来淡化对方的缺点（丈夫可能比我工作繁忙，这说明他是个好丈夫）。公式里的一个关键要素其实是一种必要的自信。研究发现，如果缺少自信，伴侣之间很难将对方理想化，而且还会低估自己在伴侣心中的地位，因此，说到底，你对婚姻关系的怀疑其实就是对你自己的怀疑。研究表明，夫妻之间很有必要戴上玫瑰色眼镜来看对方。

如果你深爱自己的伴侣，但同时又希望对方在某些方面有所改变，我的建议可能会让你迷茫。假戏真做：就当对方已经具有了你期待的品质那样。这么做好像不大现实，但研究发现，人们希望维护别人对自己的肯定评价，而对抱怨则会产生抵触情绪。

除此之外，恐怕再没有什么简单的办法了。以前我喜欢引用托尔斯泰那句名言——幸福的家庭都是相似的。但我错了。原来幸福的家庭也各有各的幸福，婚姻永远不能被简化为一种模式。哪怕是只有一种婚姻，那也不可能一辈子静如止水。如果你能坚持得住，说不定能对某些婚姻病产生抗体。比如，研究表明，男性随着年龄的增大，对房事花样会逐渐丧失兴趣。另有研究发现，“老”恋比“少”恋更让人欣悦。如果你对这些方法仍然感到迷茫，我教你一个维系婚姻的小妙方：生个孩子。研究表明，生个孩子可以降低离婚率。除此之外，我只能说，学会公平吵架。

最后，我想拿一项让人感到奇妙的研究来作为结语。随着岁月的流逝，夫妻的长相确实有趋同的倾向。显然，这是因为夫妻之间往往模仿彼此的面部表情，久而久之面部肌肉的收缩方式就会相互接近。作为伴侣，只要能共享幸福的时刻，这样的归宿的确值得期盼、值得守护。

译后记

《解密爱情》不是一本大作，所以，按照一般的速度把它翻译出来不算太难。不过，按照“信、达、雅”的原则来要求，要把它翻译好就没那么简单。译稿终于完成了，但回过头来看，这个过程并不轻松。

虽说本书的思想没有纯学术著作那样艰深，但是，看似通俗的外表下却包含着丰富的学术内容。这正是作者的逻辑所在，就像封面上那句话讲的，本书的突出特征就是用科学的方法解析爱情的真谛。爱情是感性的，科学是理性的，两者之间差之千里。显然，把两个不同的领域串在一起来讲，这本身就具有很大的挑战性。

毫无疑问，如果用一个词来概括这本书的价值，那只能是挑战。而且，这种挑战，不仅表现在写作方法上，更重要的是表现在思想内容上。对于这一点，相信读者与译者一样都能很容易感受到。因为，贯穿全书的一条主线是对传统爱情观念的挑战，也可以说是批判。批判的方法不是逻辑论证，从理论到理论，而是借助学术成果和科学实验来说明问题，有调查有访谈。应该说这种求证方法更生动也更有说服力。这种思维是有积极意义的，它有助于我们重新思考对于爱情问题的认识，包括关于男女之事的各种看法，比如幸福婚姻、终身伴侣、一夜情、婚外恋、一夫一妻、白头偕老、痴心女、负心汉、夫妻房事、包办婚姻等等。说不定我们也会像作者希望的那样，学会用批判的态度看待传统的观念，对自己的爱情观、婚姻观产生新的理解，从而改善我们的爱情生活和婚姻生活。如果有这样的效果，译者跟作者一样，会感到莫大的宽慰。

当然，西方人的爱情观说到底反映的是西方的价值观和人生观，有些思想听起来很有道理，但不一定适合我们，因为中国人有中国人的哲学和信念，凡是有悖于中国社会道德规范的做法都是行不通的。在这一点上，广大读者一定跟译者一样，坚守的是符合中国国情和文化认同的价值尺度。我们似乎又回到鲁迅说的“拿来主义”的态度上，或者干脆按照毛主席讲的，古为今用、洋为中用，以我为本，只拣有用的拿。从这个角度看，本书的主题是好的。如果能把外国的科学爱情思想和婚姻观念跟中国的社会现实结合起来，我们或有希望打造出一套符合时代特征的、有中国特色的、能为亿万大众带来美好和幸福的科学爱情观和科学婚姻观。这岂不美哉！

单从翻译来说，译者也有几句体会想跟读者和同仁共勉。还是那句老话，“译事三难，信、达、雅。”翻译活动本身并不难，无非是把原话的意思说出来，说它难是因为要满足“信、达、雅”的标准。所谓“信、达、雅”，说白了也并不难理解：“信”是不误读，也就是翻对；“达”是不别扭，也就是翻顺；“雅”是不平庸，也就是翻好。译者就是以这样三条原则为指南对待每个概念、每一句话的。当然，要同时满足这三点绝非易事。翻译的过程是语言转换，其中必然会遇到语言差异、文化差异和专业知识等各种障碍。跟许多翻译工作者一样，本书译者遇到的恰恰也是这些问题。爱情婚姻本来是大家熟悉不过的话题，只要调动生活经验，就能找到为大家所理解和认可的话语来表达美国人的说法。但是，美国作者写书给美国人看，参照的是美国的社会语境，比如，许多政治话语、科学常识、历史典故、公众人物等等，对于一般的美国人来说并不陌生，可这些概念如果照直翻译过来，我国的普通读者就不知所云。显然，我们不能指望哪位读者先读一读美国历史文化然后再来看这本小书。鉴于此，我们采取了一些变通的手法，比如尽量用大众语言、尽量用简单句式、尽量用中国说法等，有时再补充一点说明性注释，以期化难为易，便于理解。可这难免会改换原语的句式和语气，影响风格，关于这一点，希望读者予以宽谅。

从方法和技巧来看，在如何译顺、如何译好方面似乎可以总结几条拿来讨论，不过，只能算是尝试，未必有什么参考价值，因为所谓顺和好是仁者见仁的事情，并不遵循同一律。我们从几个方面来谈。

首先是概念词。英语的词语具有抽象性、多义性，往往找不到汉语对等词，这给翻译带来了麻烦。比如，本书用得最多的是关键词“dating”，连每一章的标题都用它做修饰语。如果直接翻译成“约会”，那么，目前的标题就成了“约会之心灵”、“约会之动物”、“约会之文化”、“约会之游戏”、还有“约会之舞蹈”，结果这本书就成了“解密约会”，所以，用“约会”反而意思含糊，再说，用多了听得也别扭。“Dating”

的确有“约会”的意思，但是不能机械套用，因为它在不同的地方有不同的含义。作者用“dating”作为标题核心词，显然是为了醒目，并不表示每一章都讲“约会”，这在英语的环境里大家能心领神会，但是，变成“约会”拿到汉语里，那就让人费解了。鉴于此，译者在许多时候用本书的核心概念“爱情”取而代之（六个大标题里用的全是“爱”），觉得这样意思更清楚，而且，听起来更舒服。

其次是小标题。原文的小标题很有特色，不工整不对仗，有的是一句问话，有的是一句很幽默的话，但功能是一样的，都是用来提示下文主要思想的，这在英语里显得生动活泼。可是，这种模式到了汉语里就显得没有章法、缺少灵魂。所以，译者舍弃原文，专门为每章每节编出一个标题，原则是尽量简练、上口，符合本章节的内容主旨。

第三是名言警句。一本读起来有意思的书，肯定少不了引几句名言，说几句来劲儿的话，可是翻译过来往往没了原有的味道，这是由语言差异和文化差异造成的。于是，为了重现原作的“风采”，译者力图发挥汉语的优势，使名言听起来像名言，警句听起来像警句。其实，这在翻译界顶多算是雕虫小技，谈不上什么真功夫，不过，小招儿有时也能增加译文的可读性和趣味性。比如，原文说“We always assume the grass is greener”，直译是“我们总以为那草更绿”，读者不知所云。原话取自谚语“The grass is greener on the other side of the fence”，意思是“别人家的草比自家的好”，跟“这山望着那山高”类似。译者借用流行的译法“邻家芳草绿，隔岸风景好”。

第四是幽默笑话。幽默是美国人的拿手好戏，可幽默的话语却让翻译者棘手。对此，译者也有同感。当然，也不是没有一点儿收获。比如，书中介绍了几则幽默征友广告，为了表现“幽默”，译者动了不少脑子想“变通”。比如，原话“Shy，ugly man，fond of extended periods of self-pity，middle-aged，flatulent，and over-weight，seeks the impossible.”直译是：“某男，胆怯，丑陋，可怜，自负，中年，发福，追求不切实际。”本书译为“胆怯丑男，中年自怜寂寞愁；心高体胖，蛤蟆想吃天鹅肉。”

从以上例子可以看出，翻译的确是费力费心的事情。译好是翻译的使命，评判则是读者的权力。